GWEDDNEWIDIO

GWEDDNEWIDIO

Detholiad o Gerddi

1962-1986

GWYN THOMAS

GWASG GEE

DINBYCH

Ⓗ Gwyn Thomas

Argraffiad Cyntaf: Gorffennaf 2000

ISBN 0 7074 0337 5

Dymuna'r cyhoeddwyr gydnabod cymorth Adrannau Cyngor Llyfrau Cymru.

Argraffwyd, Rhwymwyd a Chyhoeddwyd gan
WASG GEE, DINBYCH. LL16 3SW

Cynnwys

YSGYRION GWAED (1967)

ENW'R GAIR (1972)

WMGAWA (1984)

AM RYW HYD (1986)

Chwerwder yn y Ffynhonnau
(1962)

Y DDÔR YN Y MUR*

Clöer fi mewn cell o lyfrau
A'i llythrennau a'i geiriau yn furiau,
Ac ynddi un ddôr tuag Aber Henfelen.

Pen a dorrwyd, a gwaed a gollwyd,
Da a ddifawyd, dwy ynys a yswyd:
Ond rhith y llythyren a ddieithria ddolur,
A ddwyn ddedwyddyd o boen yr antur.

O'r diogelwch y tu ôl i'r dudalen
Fyth nid agoraf tuag Aber Henfelen.

*Chwedl Branwen o Bedair Cainc y Mabinogi yw cefndir y gerdd hon.

CENHINEN

Llond berfa o sment,
A gweithwyr mewn esgidiau hoelion llychlyd
Yn ei rawio, yn beiriannol,
Rawiad a rhawiad,
Haen ar haen,
Gan gloi y gallu creadigol yn y pridd
A thrampio i ffwrdd at job arall.

Gwanwyn,
A bywyd ir yn ymwthio'n anorfod
Don a thon o gryndod gwyryfol,
Yn gwegian, hollti, torri trwodd
Yn hafn o liw fel haul.
Pen melyn uwch y sment ar feingoes werdd
Yn plygu'n wylaidd-orfoleddus tua'r llawr.

13

MARCH

Llywethloyw a chynffonlathr, du
A golau ar ei gôt. Llyfn fel sarff,
Esgud, tuthiog, aflonydd ei garnau.
Rhedegfawr gawr gweryrog
A mellt mwyth dy ewynnau
Fel deinamo dan nos dy gefn.
Holltau y ffroenau a berw awyr,
Cadarn-nadd groywder graig dy ysgwyddau,
Llun byd yn fflach y llygaid, llachar
Fyd yn nuwch dy enaid.
Dwyglust gywreinfain aflonydd
Llymion, yn gwrando ar gyfrinachau
Dyfnder nos fud y greddfau
Lle mae cyniwair hen gyneddfau,
Bwystfildod y goedwig a'r ffeuau,
Nwydau di-ystabl, cableddus.
Marchog ni fynni, rhyddhau
Llam a charlam, neidio cyflym,
Cerdded, aros a hwb sydyn,
Tefli dy fwng ar dy war a rhedeg i ryddid meysydd.

EIRA

Yn dawel y daw eira i guddio briwiau'r pridd,
Yn dawel fel blodau ar flinder daear.
Mae lleisiau yn y gwynt,
Bydd ei hanner-chwiban yn lleddf hiraethlon ar y gwifrau
Fel trwm hoed rhyw henaint ar donfedd ein dyddiau ni,
Bydd yn chwyrn fel trên mewn simneiau
Ac yn udo o gwmpas adeiladau;
Ond distaw ydyw'r eira.

Dagrau sydd weithiau yn y glaw,
Weithiau lawenydd yn ei ddawns ddiwyd,
Neu greulondeb chwip ar y ffenest';
Ond distaw ydyw'r eira.

Os main yw'r glust fe glywir yr eira
Yn esmwythder ei blu dilychwin
Yn denau fel ffŵr ar ffenestri,
Yna distawa'n wyn dros y wlad
Yn gwrlid glân dros wely'r gaeaf,
Fel hun dros wae y ddaear;
Yn dawel y daw eira.

KOREA

'Roedd y rhyfel yno yn un o gyfres
A gynhyrfodd y bobl, ac a anghofiwyd,–
Ymladdwyd, collwyd bywydau
A chafodd rhai eu hanrhydeddu am eu gwroldeb.
Rhoes fynd ar nifer o storïau seliwloed am arwyr
Lle darlunnid, gan amlaf, erchyllterau
I dynnu'r bobl i'r sinemâu,
A'r cwbl wedi'i liwio gan gochni neu lesni plaid.
Ond drannoeth y brwydro
Wedi i sêr recordiau newydd leisio i'n ffurfafen
Ac i'r adroddiadau brinhau ac yna ddistewi
Yn y papurau dyddiol, yr oedd y cwbl ar ben,
Ond i'r rhai a faeddodd eu dwylo yn y gwaed.

Yng ngwlad y rhyfel,
Yn niffeithwch pentref drylliedig
A gynhyrfwyd o oes arall yn ffrwydro'r bomiau,
Wrth adfeilion ei gartref
Eisteddai hen ŵr a staeniau gwaed ar ei farf
Yn gwylio'r haul mewn coeden
A'i fflach yng nghyffro'r canghennau,
Ac yn canmol gogoniant y machlud.

NOS MEWN TREF

Pan fydd y tefyrn tatws yn gwagio
A'r bysiau'n brysio adref
Daw unigrwydd i'r strydoedd fel hanner marwolaeth leddf;
Bydd y goleuadau'n diffodd yn y siopau o un i un
A'r byd yn mynd yn ddall yn ddistaw.
Bydd pobl mewn ceir yn dilyn goleuni ar y ffordd,
A thu hwnt i'r llewyrch bydd y nos
Yn cilio o flaen y cerbyd am lathenni,
Yna'n cau amdano.
Bydd gorsafoedd yn welw,
A phobl yn gwylio'r cloc wrth ddisgwyl am drên
Yn teimlo dieithrwch uwch byrddau a chwpanau'r rheilffyrdd,
A bydd sŵn y llwyau ar y llestri'n wahanol i'r hyn ydyw
    yn y dydd.

Bydd cyfnodau gwareiddiad yn cloi i'w gilydd fel sbïenddrych
A daw anesmwythyd annelwig
Fel mwg oddi ar hen allorau,
Drychiolaeth o oes yr arth a'r blaidd i ganol yr holl beiriannau.

Y DDRAENEN DDU

Lliw y gaeaf sydd am y pren,
Cwlwm gwyn am ei gadernid du dioddefus;
Ond mae aroglau addfwyn
Yn goron fendigaid ar boen y canghennau.

Hen bren, y wrach gordeddog glafr,
A'r cryd wedi cerdded hyd ei chymalau ewinog,
Yn y gwanwyn hwyr yn ffrwydro'n hirwyn
Fel priodferch wyryf yn ieuenctid ei dydd.

Yn egni coch y rhosyn mae unplygrwydd,
Mae'r petalau'n gorwedd foch wrth foch fel cariadon
Heb ofyn beth yw amcan eu synwyrusrwydd twym.
Wrth freisgio yn ei bôn nid yw'r dderwen yn amau
Nad ymgadarnhau a lledu ei nerth yw diben ei bod.
Eithr y ddraenen sydd bren myfyrgar,
Yn ystyried llawenydd a galar yn ei thymhorau
Heb fedru canfod yr hanfod hud yn yr un o'r ddau.

HYN A AETH HEIBIO

Y 'deryn du'n gorawenu ar goeden yn y gwanwyn
A hen bobol yn yr haul mewn hetiau du
Yn sgwrsio, smocio, cofio am a fu.

"Mae hi'n fyd gwell heddiw,
'Does dim tlodi fel a fu,
Ond 'dydi hi ddim yr un fath rywsut,–
'Does yna ddim o'r hen hwyl."

Ynni eu byw yn ceulo gyda'u gwaed
A'r boen a gaed yn pylu mewn poenau newydd:
Ieuenctid y byd oedd eu hieuenctid hwy.
Fe gyfyd pob un yn ei dro o'r sedd i'r bedd,
A bydd gro ac enw a greithiwyd ar garreg
Yn dangos dechrau'r anghofio.

Bydd y gân bigfelen yn distewi
Ac aur y gerdd yn syrthio i gawg y nos.
Llwyr a du dawelwch.
A'r dwthwn hwn a fu.

Y Weledigaeth Haearn

(1965)

LLAWFORWYN

Pwy fydd yno i weini arni hi?
Hyhi a fu'n byw ar y cyrion yn barod ei gwasanaeth,
Yn gron a gwritgoch ac yn hen ferch,
Yn un a ddynesodd at y byrddau disglair
Â danteithion yn ei dwylo,
Yn un y diolchwyd iddi gan enwogion
Ac yn un a fwytaodd yn y gegin ar ôl i'r cwmni
Encilio i'r parlyrau.
Martha a'i dillad taclus, tywyll a'i hesgidiau llydain.

A welodd hi ei hun ryw dro ar wedd llancesau
Y cylchgronau merched, â'i gwallt yn loyw a'i gwên
Gamera yn barod?
A welodd hi ei hun yn gynnwrf ar y stryd
Yn agor deisyfu fel craith yn y gwŷr ieuainc;
A fu hi'n dial yn dawel yn yr harddwch hwn
Â diweirdeb oer fel cleddyf yn aflendid eu nwydau?
– Nes i'r gloch ei galw'n drafferthus ostyngedig
I nôl y llestri budron.
Ynteu a ddychmygodd hi'n syml am fod yn wraig i'r gweinidog?

Pan fydd gwasanaeth yn pallu yn ei haelodau
A dringo 'r grisiau'n mynd yn fwy o faich,
A fydd yno rywun, rhyw Fartha, i dyneru'r aros
Rhag y llonyddwch hir?

Y BEDWAREDD GAINC

1

Ffordd ryfedd o farw oedd ffordd Lleu.
Ag un troed ar gefn anllad anifail o fwch
A'r llall ar gerwyn eneiniaid ei gorff
Fe'i bwriwyd yn ei gefn â gwayw,
O'i wrthol â gwayw cabledd blwyddyn,
Wrth afon.

Yn sgrech echrydus a phlu fe gipiwyd ei gorff gan angau.
Hyn oedd ei dynged.

Daeth y lladdwr i feddiannu ei gaer
Ac i gymryd ei wraig ar ei wely.
Fe arglwyddiaethodd ef yng ngwrthdir Ardudwy.

Gwydion, – yr un a gadwodd y mab o'i eni
O 'forwyn' fel pethan o'r ddaear, –
A glywodd, ac a wylodd am y mab.
Trwy drallod ef a grwydrodd hyd wacter y byd
Hyd at dderwen angau lle'r oedd yr eryr Lleu,
A'r moch yn ysu gwaeau ei gnawd
Fel y syrthiai yn gynhron a phydredd
O'r corff a wnaethpwyd yn aflan.

Rhyfedd fu'r ymdrech ag angau,
A Gwydion ag arfau tynerwch –
Ei gân a'i hudlath o gariad –
Yn tynnu'r Lleu o'r pren
I adfer i eryr trueni ogoniant ei arglwyddiaeth.

Wrth afon
Bu cyfranc arall. A'r Lleu â'i wayw
A fwriodd y lladdwr, er ei warchod â chaledwch maen,
O'i lywodraeth gelwyddog, o gadernid ei gaer.

Ac fel hyn y daw'r chwedl i ben.

(Chwedl 'Math fab Mathonwy' o *Pedair Cainc y Mabinogi*
yw cefndir y darn hwn.)

MONROE

Fe ddaeth geneth yn yr hon yr oedd goleuni.
Ynddi cadwynwyd disgleirdeb yn grwn,
Ac yr oedd eglurder yn sisial fel gwynt yn ei gwallt.
Yn nhynerwch eira ei dwylo
Yr oedd gobaith yn llusern wen
Yn gwasgaru'r tywyllwch, yn ergydio'n addfwyn
Heb yn wybod iddi yn erbyn llifddyfroedd y nos.
Gwelwai marwolaeth rhag ei hegni lili;
Gruddwen yn nannedd gelynwynt oedd hi,
Un gyndyn, llysieuyn a ganai fel clychau yn loyw
A grym noeth y gaeaf yn ddwndwr yn ei herbyn.

Gwelwch ddryllio ei gloywder a rhwygo ei gwraidd,
A'r halogedig yn lledu eu safnau yn ei herbyn,
Yn hel o'i chwmpas fel bleiddiaid,
Yn cythru'n draed garw ar ei goleuni.
A hithau, hi a droes ei hwyneb tua'r mur.

CWMORTHIN

(Sef cwm yn y mynyddoedd sy rhwng Tanygrisiau a Chroesor)

Yma mae'r creigiau'n cyfarfod,
Yma mae'r creigiau fel cyfrinach
Yn closio at ei gilydd, yn sefyll ysgwydd wrth ysgwydd;
Yma mae cwpan unigrwydd.

Mae'r cwm yn gorwedd mewn hen fynydd
Ac mae llyn rhwng y creithiau cerrig
A hen domennydd llechi wedi powlio iddo
Pan oedd yr amseroedd yn llewyrchus.
Mae pawb wedi mynd rŵan
Gan adael olion cyfannedd ar ôl –
Olwynion haearn a'u dannedd rhydlyd, ar eu cefnau
Fel hen gegau erchyll, hen eneuau morfilaidd;
Hen adfeilion dilygad, megis penglogau gwag
Yma ac acw, a hen gapel yn mynd â'i ben iddo.
Mae'r mynydd maith a'i dawelwch hir yn eu cymryd yn ôl.
Mae popeth yn dychwelyd at y difaterwch carreg,
I afael y gwair a'r hesg, i dduwch y dwfr,
Dan y ffurfafen lom.

Mae henaint y graig, affwysedd dyddiau,
Oedran yr elfennau ansymudol, y garreg a'i gwythiennau
Yn agor rhyw ddirfawr wag.
Yma y mae gweled i agen y blynyddoedd,
Yma y mae gweled llonyddwch amser.

Gwacter, gwacter, gwacter.
Yng ngwacter y fan, yng ngwacter yr amserau
Dan yr awyr ddirfawr
Y mae llyn yng nghwpan unigrwydd.

HAF CYNNAR

Beth yw'r cymhelri gloyw rhwng y dail?
Beth yw'r llawenydd lliwgar sydd yng ngwallt yr afallen?
Mae llwybrau euraid aflonydd
Fel ceiniogau newydd ar gyffro direidus y dyfroedd.
Mae gwenoliaid fel cyllyll wedi eu taflu i'r awyr
Yn gwichian, yn syrthio ac yn llithro ar hyd y ffurfafen.
Mae'r ddraenen wen yn mygu'n wyn,
Yn gynnwrf llaethog yn y tes
Ac yn siglo ei phen yn ôl plwc yr awel.
Mae'r gwynt yn derfysg oriog yn y gwair,
Yn chwarae mig yn y gwellt
Ac mae'n peri i'r coed ysgwyd gydag arafwch urddasol y môr.

Daw nos eglur a lloer fud, araf a gwyn,
A llond awyr o sêr yn smician fel llygod o'i chwmpas,
A llonyddwch goludog y duwch diderfyn.

Am fod y byd i gyd yn wyn
Fe wyddom ni mai'r haf yw hyn.

DIC

'Roedd pawb yn pentref yn ei nabod o
Â'i ben mawr a'i gefn llydan
A'i sa'n gadarn.
Ers peth amser ciliasai
Sŵn gloyw ei bedolau o'r stryd.
Yn ei warchae o wair fe wyliai
Y lôn yn prysuro ac olwynion yn meddiannu'r ffordd.
Yntau'n hen frenin mwythus, yn cael ei ddifetha'n lân.

Pan fuo fo farw 'roedd y plant yn crïo
A phawb yn gweld ei golli o.
'Does dim tristwch fel hyn ar farwolaeth car.

PRIODAS

Bellach, nid pregethwr oedd delfryd ei mam
O fab-yng-nghyfraith,
Ond athro, gŵr gyda'r B.B.C., meddyg,
Un a chanddo gyflog bach del a job lân.
Ac fe gâi Gladys briodi mewn gwyn,
Mor grand nes syfrdanu'r cymdogion.

Hithau'r ferch ar Sadyrnau a âi mewn bws
I gysylltu ei chnawd â pheiriannydd,
Gwas mewn garej,
Un ag olew tragywydd dan ei ewinedd.
Dan ledr ei gôt 'roedd egni moto beic.
Asgellasai ei wallt a'i lyfnhau
I loywi ei ffordd rhwng yr awel.
Ac fe'i galwai hi yn 'Honey'.

"Fy hogyn i ydi o, lyfli."
A sodrai ei hun yn handlan ei fraich
A'i breuddwyd amdano
Yn llawn ansoddeiriau caneuon pop,
Yn falch ohono.

Swyddfa a phriodas annisgwyl, slei
Mewn dillad bach syml, nefi,
A'r cymdogion yn sôn amdani.

SUL Y BLODAU

Wedi dryllio'r gwanwyn yn ynganiadau melyn
A gwyrdd ac yn sgrechian coch,
Hwy a'i dodasant ar y beddau
Yn garpiau o nwyd uwch y tawelwch.
Daw gwynt disglair i siglo'r fynwent,
I ysgwyd dyhead yn rhydd o blygion lliw,
I'w gipio'n llachar rhwng hen feini
A'i wasgaru'n wag trwy ogof yr awyr
I glecian fel dur ar linyn i ddychryn brain.
Ni ellir trwsio'r harddwch na rhwymo'r egin
Wedi'r adwyth â'r pridd,
A bydd distryw prydferth uwch cyrff yn braenu ac eirch.

PETHAU AR EU HANNER

Fe aeth carreg â hanner ei ben o
A'i holl fywyd o fel'na.
Fe daflwyd gwacter i'n plith fel hen fwced
Ac yr oedd popeth yn unochrog
I ni oedd yn ei nabod o.

Dyna i chi ei gariad o, wedi ei bwrw oddi ar ei hechel, –
Dagrau ac atgofion a dychryn ofnadwy
Yr olwg waedlyd olaf. Etifeddiaeth go arw
Am ddwy flynedd o ganlyn.

A'i rieni o, magwraeth o flynyddoedd
Yn troi'n oer yn annhymig dan eu dwylo.
Beth wnawn nhw â'u cariad?

A minnau, 'roeddwn i ar ganol ffrae
Gydag o, am bris llefrith.
'Choeliech chi ddim dadleuwr mor daer o'i blaid o
Ydi angau.

efnisien

Ac un oedd yn agos ataf,
Yn adnabod fy meddwl ac yn ei warhau,
Canys efnisien ydwyf.
Un oedd yn addfwyn i ddatod llid
Ac i roi ar arwedd a rhyfel yr ewyllys
Hoenynnau o aneirif gariad.

Yn argel yr ymennydd yr agorodd gwall
A glwyfodd i'r llygaid i'w hanrheithio â dieithrwch.
Ymbellhau, ymbellhau.
                    Ymbellhau
I nos awchus hunllef a ffosydd distryw.
Yn alltud o'th drugaredd gan dy wallgo
Bwriwyd fi'n ddifro i eigion enbydrwydd,
I gynefin ofnau heb angor.

Beth a dâl fy arfau yn erbyn y dieithrwch hwn?
A blicir ei amrant o'i ben
A rhwygo o'i safn ei wefl?

Mae'r gwacter yn hel, a rhagddo ni wn i ddim.
Mae tynerwch yn drafod, ac ni fedraf fi ddim.
Mae bywyd yn marw, ac ni allaf fi ddim.

Onid efnisien ydwyf.

(Enw ar gymeriad garw o chwedl 'Branwen ferch Lŷr' yn *Pedair Cainc y Mabinogi* yw Efnisien. Yma ni ddefnyddir y gair fel enw person. Ystyr y gair yw 'garw, llidiog, gelyniaethus.')

DARN A LLAWER O 'AU' YNDDO

Yn gysact ar y meinciau mesurwch y dernynnau
A gweithiwch yr haearn i ffitio'n gymalau;
Chwithau, sodrwch hwy'n dynn, yn gusan o glos;
Sgriwiwch yn batrymig, gynlluniedig y platiau;
Chwithau, cysylltwch gymhlethdod y gwifrau.

Ac yna ewch. Ewch y cyflogedig unedau
I'ch tai ac i'ch strydoedd a'ch parciau,
Mwynhewch werthoedd eich ceiniogau,
Ewch at eich merched a'ch potiau.

Ymennydd a glymodd eich oriau, eich llafur
Bach a'ch sylw yn loyw beiriannau,
Botymau a switsiau sy'n cyfieithu egni elfennau.

Y gwyddorau, diolch am eich gwybodaethau,
Am ganlyniadau eich cyfrin astudiaethau,
Eich cyfraniadau arbennig, diolch i chwithau.

Awyrennau.
Llym, disglair i hollti'r heulwen yn fflachiadau
Ac i flingo'r nos o'i hofnau.

Bomiau.
A'u dinistr yn allu o fegatonau,
Gwarchodlu glwth ein gogoneddus safonau.

Angau.

Y CEILIOG MWYALCH

Mae Ebrill wedi'i blethu'n eglur yn ei gân,
Croywder gwyrdd deiliog yn glystyrau ir
Yn nodau gogleisliw ei chwiban,
Trwyadla lewyrch araul yn lleferydd melyn
Fel daffodil, yn gôr o gyrn gwanwynol o'i big,
Gronynnau dwfr a diferion gloywder
A glywir yn gawod sydyn, a haul
A'i galon yn oleuni i gyd yn drochi ei geg yn y glaw.
Blodeua, trebla, amliwia'r ddaear yn ei lais,
Llacia ac ystwytha'r pridd yn ryddid am liwiau,
Agenna'r carcharau gan egin, cruglwythi –
Briallu clir, cyffro gwyrddblu trwy berthi,
Helyg yn addfwyn lewyg o felyn,
Pren almon yn ymylu ei ganghennau
Yn annwyl â'i olud, a'r ceirios
Yn ffrothbren o olchion glwys. Ebrwydd o nos,
O blygion clos ei blu, sydd fel gaeaf y ddaear,
Y bwria'r fwyalchen Ebrill yn gân,
Yn wanwyn ar hyd y fro.

JONI

Ni fedrai Joni wneud algebra
Na throedio'r gymalog via Latina.
'Roedd ffiseg iddo'n dywyllwch anhrydanadwy,
A chemeg yn anelfenadwy gymhlethod.

Anodd gweld sut yn hollol
Y mae Joni'n canlyn o ogoniant y gorffennol
Nac yn ffitio i batrwm oes dechnolegol.

Mae ei fam o'n britho rhag cysgod y G.C.E.
Ond mae ei phryder yn fodd i fyw iddi,
Yn rhan o afael y bywyd hwn ynddi.

Yn rhyfedd y cynysgaeddwyd cariad.

ADAR

Mae bywyd wedi ei bluo ohonynt
Ac mae gwyn noethlymun angau yn hongian
Ar hyd y cyrff hirddall, croeshoeliedig
Sy ynghrog â'u pennau mewn gaflau o haearn;
Ar domennydd eu gwaed eu hunain
Maent fel petaent yn ymestyn eu gyddfau ar glochdar
Galarus, mud;
Tyn ynddynt yw trymder marwolaeth,
Mae'n rhedeg ar hyd y gewyn, yn hir drwy'r wythïen:
Adar ar gyflewyr mewn ffatri fwyd.

Yr ydym yn rhostio diniweidrwydd mewn ffwrn dân,
Yn llyfu gweflau yng nghig dioddefaint,
Yn bwyta a thraflyncu marwolaeth arw,
Ac yn bytheirio uwch y gweddillion lladdedig.
     Hyn yw ein cymun bendigaid.

DEILEN

Mae'r ddeilen o bren yn cael ei bwrw,
Mae'n hofran, yn hedfan,
Yn dal ar yr awel,
Yn addfwyn yn hongian,
Yn nofio yn dawel,
Yn llithro – fflach, llathr –
Yn folwyn neu felen.
Mae'n clownio, troell liwio,
Fflantio'n ffantastig,
Llygota'n fyrdroed yn fwrlwm o liw,
Mae'n goleddf olwyno, yn siglo
Yn loyw i lawr.
Mae'r ddeilen o bren yn cael ei bwrw.
A'r hyn mae'n ei wneud?
         Y mae'n marw.

YSBRYD Y NADOLIG

Beth yw'r gwelwder trwy'r llawenydd,
Y ddrychiolaeth yn niwl golau ein gorfoledd?
Wrth y bwrdd rhwng yr ŵydd a'r pwdin
Mae rhith nad ydym yn ei adnabod.

Mae arwyddion geni'n hongian ar y waliau
Yn gadwynau amliw a chardiau,
Mae dymuniadau da'n dew, yn fwg sigâr amdanom.
Pwy yw'r dieithr oer sy'n tarfu ar hwyl y cracyrs?

Mae cariad ac ewyllys da wedi ei barselu,
El glymu a'i stampio a'i yrru ers dyddiau,
Ac anwyliaid a ffrindiau wedi anfon yn ôl inni
Werth hyn-a-hyn o deimlad brawdol mewn papur llwyd a
    llinyn.
Beth yw'r dwylo gwag yn nisgleirdeb y goeden?

Oni anfonasom hefyd i Fodryb Siân, yr hen dlawd, hanner
    potel o sierri
Heb ddisgwyl cael dim byd yn ôl?
Oni yrasom ni hen ddillad i helpu pobol dduon?
Oni phrynasom ni gardiau Nadolig, rhai drutach na'r arferol,
Er mwyn i'r elw fynd at helpu hen bobol?
Oni thalasom ni fwy nag unwaith am docynnau raffl
A'r rheini i gyd at achosion da, heb obeithio ennill?
Beth yw'r noethni sydd yn nhincial y grwydrau,
A hwn sy'n lasarus wrth ein bwrdd?

O Dduw gwared ni rhag ffurfio o breseb yn ein calon
Ac i'n heneidiau gwâr ystablu dieithrwch i darfu ar yr hyn
    ydym.

CAROL

Yn dawel-olau yn y nos
    Symudai seren glir
Trwy oerni du y nefoedd wag,
    Seren y cariad hir.
Yn llwybr hon y teithiai tri
    O bellter mawr y byd,
Yn ddoeth yn dilyn tua'r fan,
    At faban Duw mewn crud.

Ar faes yn nos y wlad gerllaw
    A thwllwch oer y lle
Yr oedd bugeiliaid wrth eu gwaith
    Dan lygad maith y ne'.
A golau angel arnynt hwy
    Ddisgleiriodd yno'n fawr
A dychryn enbyd, ofnau dwfn,
    A'u bwriodd hwy i lawr.

Ond neges addfwyn, neges Duw
    Dawelodd boen eu braw,
A lliw yr angel lanwai'r nos
    Fel cawod aur o law.
"Ewch tua Bethlehem yn awr
    Ar wawr y bore mud,
Ewch at y preseb, at y Mab,
    At Dduw a ddaeth i'r byd."

Ar las y dydd, at breseb Mair
    Yng ngwair y stabal dlawd
Y closiodd dynion, gwych a llwm,
    I weled Duw o gnawd.
Mae'r uchel fore wedi dod
    Ar ôl yr aros hir,
Mae golau'n tyfu yn y nos
    A bywyd trwy ein tir.

ROGER CASEMENT

Casement, y gwallt, y farf, o'r calch,
Y croen, nid oes adfer. Llygredigaeth
Dan lawr Lloegr aeth yn wâst drwyddynt.
Rhoddwyd y dyn i lonyddu yn yr un ddaear
 lleiddiad a dynnwyd yn dwym o blwc y rhaff.
Cafodd rannu pydredigaeth Pentonville gyda Doctor Crippen;
Ac a fu'r pryfed yn cymysgu eu marwoldeb yn y tir alltud?

Yn Nulyn, a'r awyr yn torri'n eira,
Symudodd yr hyn a adawyd, ar olwynion yn araf
Yn rhyddid mawr Iwerddon. Nid aeth
Gloes yn ofer i Glasnevin.
Yn y bobl hyn y mae anadl fel Duw yn creu
O'r llwch diffaith a'r angau a'r fynwent
Groen, gwallt, barf, dyn. Roger Casement.

Ysgyrion Gwaed

(1967)

BLAENAU

(I BOBOL YR ARDAL)

[Cerdd i leisiau. Lleisiau Gwŷr yw 1 a 2: lleisiau Gwragedd yw 3 a 4.]

Llais 1:   Mae sŵn llechi'n crafu'r nos
Fel y daw haenfeydd y glaw o'r gorllewin
I lacio'r tywyllwch a pheri i'r rwbel redeg
Ar hen domen fawr chwarel yr Oclis;
Rwbel cenedlaethau o ddwylo garw
Yn gorwedd yn enfawr yn erbyn Nyth y Gigfran
A'i symud yn y nos fel sŵn esgyrn y marw
Yng nghafn gwag y distawrwydd rhwng y
    mynyddoedd.
A phobol yn eu gwlâu yn swatio rhag y tywyllwch
    a'r niwl
Yn clywed carreg ar garreg, rwbel amser, yn rhygnu
    rhwng y mynyddoedd.

Llais 2:   Ar brynhawn noeth yn y gaeaf
Fe welwch freichled o dref ar asgwrn y graig
A'r cerrig gafaelfawr yn gwyro drosti,
A dynion bach ar asennau amser
Yn symud o gwmpas eu pethau,
Yn siopa, wrth eu gwaith, neu'n cymowta.
Bydd yr awyr uwchben yn las ac yn oer,
Yn wastad, a'i haul wedi ei flingo.
A hwnnw'n symud heb i neb sylwi arno
O gopa'r Manod i gopa'r Moelwyn.

Llais 1: Yn y gwanwyn mae'r haul yn newid,
Yn addfwyno ac yn nofio'n nes,
Fel pysgodyn o aur yn bwrw'i drwyn ar y ddaear
Ac yn cau ac agor ei geg wrth ei gweld yn newid.
Mae ei dynerwch yn hollti'r graig ac yn malurio'r
pridd,
Yn llusgo pethau eiddilrwydd – fel baglau rhedyn –
Rhwng cerrig ac yn rhoi gwe werdd o dyfiant ar
wyneb y graig.
Mae'n swil wrth anwylo blodau o sgimpen o ddaear
Ac y mae ei fysedd yn lliwiau i gyd ac yn beraroglau
O gyffwrdd petalau. Daw bywyd i dywallt o'r
garreg.

Llais 2: Glaw. Mi ddaw fel y mynn,
Ar ddiwrnod y Gymanfa – Methodistiaid, ac
Annibynwyr –
Ac ar garnifal.
Mi fydd cymylau'n twchu ar ben y Moelwyn –
Y Moelwyn yn gwisgo'i gap – ac mi fyddant yn
rhwygo
Ar eu traws ac yn arllwys ar ein pennau ac ar ein
cynlluniau
Gan ein gwneud ni'n rhegwyr neu dduwiolwyr
Yn ôl yr anian, neu yn ôl y galw.
Ac mi fedr ddal ati am ddiwrnodau,
A ninnau fel defaid â'u gwlân yn stemio o wlyb
Yn llercian ac ymochel o'r naill ddrws siop i'r llall,
Neu'n cerdded drwy'r dilyw fel rhai wedi eu
tynghedu
I fod yn wlyb.

*   *   *   *

Llais 1: Yn y mynydd mae'r chwareli; llawer ohonynt
Erbyn hyn wedi cau – Cwmorthin, Y Wrysgen Fawr,
Rhosydd, Cwt y Bugail, Lórd.
Ar y llechen y tyfodd y dref hon;
Blodyn glas ydyw a fwriodd ei wraidd i ddwfn y
mynyddoedd,

I hollt ac ysgythredd meini a malurion caled.
Ac mae'r gwacterau lle tyfodd yn ymestyn o dan rai
   o'r cartrefi.
Pwy gyntaf a gerddodd a gweld
Llygad y llech yn brigo allan
Ac a ddechreuodd weithio ei gwythïen?
Pwy gyntaf a wthiodd flaen llym ei ebill
I ollwng y gwaed glas, y cyfoeth a gododd yn dew
O gorff hen y clogwyni?
Pobol estron, lygadog a feddiannodd chwareli,
Saeson o bell, Eglwyswyr dieithr, meistri ariannog.
Hwynt-hwy a gyflygodd lafur i yrru lefelau
I'r crombil lle'r oedd y gwenithfaen cadarn yn
   cerdded,
Y trap gwenithfaen i gynnal pileri'r agorydd
Lle medrai dynion greigio eu cerrig.
Ar orweddiad y graig y mae'r creigiwr
Yn gosod peg i ddal ei tjieiniau,
Gan gofio bod cwlwm cam yn rhedeg
A'i fod yn cadwyno'i fywyd yn y gwyll.
Mae'n symud ar wyneb y clogwyn a chynffon hir
Y tjiaen yn cloi ei enaid yn ei ffwrch.
Mae o'n rhwym wrth galedwch,
Yn ymrafael ag egni hen elfennau,
Hen elfennau a swatiodd yn welyau yng ngrym araf
   amser,
Yr hyn a blygwyd yn y dwfr a'r meini,
Gwres ac oerfel, arteithiau hir dechreuad y byd.
Ebill a chŷn a phowdwr du i falu
A naddu a hollti darnau o'r hen greu
Yn Duchessi a Chowntis i doi ac i gadw'n ddiddos.
Mae llwch a chaledwch yn ffurfio yn y dwylo,
Ynghyd â pharch at natur y garreg, fel bod ei thrin
   yn hywaith.
Mae'r dwylo yn ddwylo dioddefus.

Llais 2:   "Marwolaeth. Mae'n rhaid byw efo marwolaeth.
            Mae o'n ddall yn llygadau'r llechfaen, ac yn rhedeg
               ar led yn y ddaear.
            'Wyddoch chi ddim ple i'w gael o.

O'r tywyllwch y daw o,
Y tywyllwch sydd o gwmpas eich golau.
'Does dim dal ar y mynydd:
Mi fedr symud yn annhymig
A gwneud ysgyrion gwaed o berson byw.
'Roedd gen i ffrind – gŵr yn gwybod ei waith;
Mi symudodd y tywyllwch amdano fo o f'ochor i.
Pan welais i o wedyn 'roedd o wedi malu.
Yng ngolau fy lamp mi welais dryblith o gnawd
Ac esgyrn yn gwthio'u pennau'n bigau drwyddo fo,
A'r cwbwl yn socian boeth o waed.
Mi synnech mor sydyn yr oerodd o.
'Roedd ei law gyfa fo'n oer, oer. Mi synnech mor oer.
Fy ffrind i oedd o."

Llais 1:   Cyn bu llid i'w ysgyfaint,
Oedd beldroediwr aml ei fraint.
Hyn oedd cyn magu o'i haint.

Llais 2:   "Fasech chi fawr gredu heddiw, ond mi fu o
Ar braw efo Everton pan oedd o'n llafn.
Peldroediwr naturiol, *inside left*
A âi drwy renc ôl unrhyw dîm fel cyllell boeth drwy
          fenyn.
'Roedd ganddo fo gic mul yn ei ddau droed:
Mor beryg â gwn o fewn golwg y gôl.
Mi gwelais i o'n sgorio o'r nesaf peth i hanner
          canllath,
Troi'n sydyn a riban i'r bêl nes oedd y rhwyd yn codi
A'r cipar yn sefyll yn ei unfan yn hurt reit,
Yn methu deall beth oedd wedi digwydd.
'Roedd o'n un da efo'i ben hefyd, cyffyrddiad ysgafna
Neu beniad iawn. 'Roedd o'n werth ei weld.
Ddim 'run fath â'r bechgyn diarth yma
Maen' nhw'n eu hel yma rŵan o ochrau Lerpwl am
          arian mawr:
'Roedd o'n werth hanner dwsin o'r rheini.
Yn werth ei weld. Everton ar ei ôl o.
Nhw oedd yn dod yma i chwilio am hogia'r adeg
          honno.

Mi arhosodd gartref am ei fod o deulu mawr a'r prês
yn fach.
'Roddai Everton fawr amdano fo heddiw.
Mae o'n gorfod cysgu i lawr, ei frest o'n rhy gaeth
iddo fo ddringo i'r llofft.
Llwch arno fo wyddoch chi.
Mae hi'n bechod ei weld o chydal ag oedd o,
Yn grymffast braf. Ac edrychwch arno fo rŵan,
druan."

* * * *

Llais 1: Rhaid oedd bod hafn yn argyfwng y graig,
Rhwng yr haearn a'r garreg ryw gysgod diddos.
Arian bach, oriau mawr, caledwaith, teulu mawr,
Afiechyd, ofnau;
Trwyddynt fe redai llygad o lawenydd
I'w chwarelu yn nyfn yr enaid ac yn agor y
gymdeithas.
Daeth dynion at ei gilydd.

Llais 2: Rhwng y pileri cerrig ar hyd y cenedlaethau,
Gyda'r wagenni, ar y tomennydd rwbel, yn y
cabanau
Daeth dynion i adnabod ei gilydd,
I rannu eu syniadau a'u profiadau dros baned
Ac i agor rhywfaint ar fywydau ei gilydd uwchben eu
brechdanau.

Llais 1: "Rhoswch chi, Paul sy'n dweud yntê,
Yn nhrydedd bennod ar ddeg ei epistol cyntaf at y
Corinthiaiad,
Am ddeall mawr heb gariad yn ddim.
Gyda golwg ar hynny yr oedd Mr. Williams yn
pwysleisio
Cyfyngiadau'r deall ar ei bregeth y bore."

Llais 2: "Hawliau gwlad, nid hawliau Duw yw'r degwm,
Ac y mae hi'n ddyletswydd arnom i sefyll yn gryf
Ac yn ddi-droi'n-ôl ar y pwnc hwn."

Llais 1:   "Mae hi'n iawn i'r plant gael eu cyfle,
            Ac am hynny mae hi'n iawn i ninnau gyfrannu
            At goleg prifysgol yng Nghymru ar eu cyfer nhw.
            Mae hi'n iawn iddyn nhw gael y cyfle i fynd yn eu
                blaenau
            A chael rhywbeth amgenach nag a gawsom ni."

Llais 2:   "Y mae gan ddyn hawl ar ei lafur
            A hawl i dâl cyfiawn amdano,
            Am hynny y mae i ni bennu isafswm o dâl."

Llais 1:   "Mi gês i *hard lines* ar y diawl ddydd Sadwrn
            Efo *Five away, fixed odds*. 'Tasa'r Blackpool uffarn
            Yna heb golli adra mi fuaswn bumpunt yn fy
                mhoced."

                    *   *   *   *

Llais 2:   Mawl a'th erys Di yn Seion, O Arglwydd y lluoedd,
            A mawl yn Jeriwsalem, a Bethel, a Bethania,
            Y Garreg Ddu a Horeb, Bowydd a Brynbowydd,
            Y Tabernacl, Carmel, Hyfrydfa, Calfaria, Bethesda,
            Yn yr adeiladau sgwâr, solat dan eu brig o lechi
            A chwafers ar y nenfwd y tu mewn.
            Yma y daeth dynion hyd at y môr gwyn
            A thymhestloedd mawr y Cariad a darddodd
            O Fethlehem y cenedlaethau a chymylau
                tragwyddoldeb.
            A rhai a welsant trwy greithiau a llawenydd byw
            Y goleuni llonydd,
            Yno rhwng pren y seddau a than gwafers y nenfwd.
            Yma y daeth gwŷr cryfion trwy fwlch yr
                argyhoeddiad.

Llais 1:   "O Arglwydd, yn yr Hwn y mae'r enaid yn
                cyrhaeddyd ei hedd,
            O Dad, yn yr Hwn y mae calon y drylliedig mewn
                tangnefedd,
            O Oen Duw, yr Hwn sydd yn adfer i ni wyneb yr
                Hollalluog,
            Dyro o Dy Galfaria afon lawen a lwyr lanha

Dristwch pechod o fêr yr esgyrn hyn,
A gwisga gnawd Dy gariad amdanom i arlwy Dy
    wledd."

Llais 2:   Yma hefyd yr eisteddodd amryw
Â'u henaid ynddynt mor ddieneiniad â'r blwch
    casglu
Yn arteithio'u hunain trwy hirwynt pregethau
Gan dybio eu bod yn ymarfer duwioldeb.

Llais 1:   "Dyma ni, O Dad, unwaith eto'n dynesu
Yn wylaidd a gostyngedig ger Dy fron
Gan estyn ein diolch am i Ti y waith hon eto
Ein dwyn i'th dŷ.
Gofala Di am y rhai hynny sy'n fyr o'n breintiau.
A golyga ninnau yn gymeradwy yn Dy olwg . . ."

Llais 3:   "Mae o'n daclus iawn ei weddi,
Ond 'rydd o fawr o garreg i rybelwr bach.
Dyna ydi pobol capal ichi!"

Llais 2:   Bellach, y Bethelau gwag
A'r pregethwr yn edrych yn unig yn ei bulpud;
A'r ffyddloniaid yn pryderu ynghylch y lleithder yn
    y wal
A sut i gynnal yr adeilad
A chadw'r cwafers ar y nenfwd.
Eithr rhai ohonynt yng nghlyw gwyn y môr
Ac yn treiglo eu ffordd ar yr Arglwydd.

*   *   *   *

Llais 3:   Disgwyl ydyw rhan gwragedd.
Y mae gŵr a fedr dreiddio i'w hunigrwydd;
A disgwyl amdano, a gobeithio
Dyfod o'r hyn y mae ei greddf arno,
Yn ei lunio yn ei henaid,
Disgwyl yr hwn a dorro i graig ei hunigrwydd
Yw rhan gwraig.
Y mae ganddi ei hoes i ddisgwyl yr adnabod.

41

Garw ei gorff, cyhyrau caled ar yr asgwrn mawr,
Paladr o ddyn a fedrai fwrw'n frwnt a brifo mewn
      ymrafael;
Eto hi a wybu dynerwch o'r dwylo
Ac a'i cafodd i briodi'n deidi.
Ar yr aelwyd cafodd ei bywyd i ddod i wybod
Ac i ddisgwyl am yr adnabod, rhwng cael dau pen
      llinyn ynghyd.
Bu hefyd y disgwyl o'i chorff,
A'r ymchwydd araf yn tynnu yn ei gwaed;
A had gŵr ynddi, yn nyfnder ei thywyllwch,
O bryder yr esgor yn torri'n glap o gnawd byw,
Bach yn crychu ei drwyn ar y llawenydd o ennill
      dyn i'r byd.
Bu pryder ynghylch y plant,
A disgwyl gwag y llythyr o ffroenau'r gynnau yn y
      wlad bell
A dur oer yn lafoer gwaed o gnawd gwyn ei
      Harwyn.
Gwelodd ei gŵr yn cychwyn y bore
A gwybu'r disgwyl mud ynddi amdano hyd yr
      hwyr.
Ar ganiad peryg byddai braw
Yn tynnu ei hymysgaroedd at ei gilydd a byddai'n
      syllu trwy ffenestri
Fel mam Sisera.

Dysgodd y difyrrwch o gael sgwrs bach efo Musus y
      drws nesa.
"Tewch da chi, ac un felly oedd o!
'Rydach chi'n fy synnu i,
A finnau'n wastad yn meddwl ei fod o'n greadur go
      lew."

Llais 4:   "Angel pen ffordd.
Mi fûm i'n byw drws nesa iddyn nhw
Sbelan yn ôl, ac mi fyddwn yn cael peth o'i chŵyn
      hi.
'Rôi o mo'i gyflog iddi a chadw mymryn yn gelc.
Yn lle hynny, fe rôi fymryn ar y tro,

A hithau'n gorfod prynu o'r llaw i'r genau–
Prynu dwy owns o fenyn a dau wy a phethau felly,
Neu lenwi ei fol o ar goel.

Er, cofiwch chi, efallai fod ganddo fo rywfaint o le
I fod yn ofalus.
Mi wyddoch am ei mam hi?"

Llais 3:   "Nid un oddi yma oedd hi?"

Llais 4:   "Nage, 'neno'r Tad.
Mi ddaethon yma fel teulu o 'dwn-i-ddim-ble
Yn fyw o ddlêd, meddan nhw,
Wedi hel eu traed yn ddistaw rhag i'r beili gael
    gafael arnyn nhw.
Un ddrwg oedd ei mam hi,
Yn rêl mei ledi efo'i ffŷr llwynog a'i howdi dŵ,
A bil hyd braich heb ei dalu yn siop Jôs.
Ond y fo oedd wiriona' yn ei chymryd hi ar goel yn
    y lle cynta'
Ac ynta wedi cael llond clust o'i hanes hi
Ac yn gwybod o'r gora mai rêl hen bitj oedd y tu ôl
    i'w mingamu
A'i Saesneg mawr hi."

Llais 3:   "Ond pam y rhedodd Margiad i ffwrdd?"

Llais 4:   "Rhy fyr ei cheiniog, mi wranta'
Mai dyna oedd y rheswm penna'.
Dyna, o leia', maen' nhw'n ei ddweud."

*   *   *   *

Llais 1:   Rhwng y Foel a godre'r Moelwyn
Yn Nhanygrisiau yr oedd cors farfog, mawnog a
    merddwr.
Ym mhant yr hesg a'r brwyn
Suai'r gwynt ei unigrwydd
A chwryglai'r gylfinir ar yr awel
Gan hongian ei chri yn eglur arni,

43

Yn berlog, hiraethog a gwag.
O'r brwyn y tynnwyd cae neu ddau
Gan dyddynwyr diwyd y Tŷ Newydd a'r Buarth
    Melyn.
Byddai rhaw'n agor ffos, a byddai'r fawnog frown
Yn bytheirio'n wlyb ac yn llyncu,
A'r dŵr yn araf yn cilio
A chae glas yn codi fel blot ar bapur sugno.
Mynych ym melyn yr haf a fyddai'n troi y gors yn
    loyw
Y clywyd brath ir, reolaidd y bladur
Yn nhrwch gwyrdd y gwair. A chi defaid gerllaw'r
    pladurwr
Yn glytiau du a gwyn, diog yn yr haul,
Neu'n hurtio'n fap symudol, fel y bydd cŵn ifanc.

Yn y Merddwr Bach yr oedd ymdrochi:
Cerdded o'r caeau gwair, a'r grug yn cydio yn
    hosanau dyn,
Dros glawdd sych a hwnnw wedi powlio i'w le
Ac wedi magu cen yn llwyd.
Bwrw o'r geulan i'r gloywder dŵr
A ffrwydro i freuddwyd wlybfeddw o fyd
A hwnnw'n crynu, yn waelod o raean a hesg ansad,
A chrethyll yn rhisglau metel, main fel bwledi, o
    gwmpas.
Llonydd oedd y Merddwr Mawr; hir, ag alaw'r dŵr
Yn gorwedd fel elyrch arno i'ch hudo i afael y gors.

Cylchai trên bach ochrau'r pant,
Unwaith yn ffrwst o lusgo llechi i bellterau
    Porthmadog.

Rhwng y Foel a godre'r Moelwyn
Yn Nhanygrisiau yr oedd cors farfog, mawnog a
    merddwr.

Llais 2:   Fe giliodd y gylfinir.
            Daeth y pendrwm a'r tyrchwr.
            Rhwygo tir a throi a gwthio,

44

Dryllio, cyndyn falurio, malu,
Gostwng, codi, caregu,
Newid patrwm y tir.
Cnoi'r pridd a wna'r tyrchwr
Gan sgyrnygu'n olewddu ar feini'r ddaear
A rhygnu ei ddannedd arnynt,
Cegeidio a thynnu, a phoeri ysbwriel ar dro ei
    wddw.
Bolio wyneb y tir o'i flaen a wna'r pendrwm
A lluosogi platiau ei draed drosto,
Yn fawr ei amynedd i garthu ei wddf ffyrnig
    ganwaith
Yn ei ymdrech am wastadrwydd.
Ac o'r gwastadrwydd y datblygodd ffordd
I gropian dringo rhwng llwyni maen y Moelwyn.
Hwn oedd y gwanwyn concrit.
Caewyd y dyfroedd a rhoi clo ar eu haflonyddwch.
Dan ên y Moelwyn argaewyd ar lyn,
Holltwyd y gors wrth ei fôn a hel y Merddwr ac
    afonydd
Yn bentwr y tu ôl i afael o goncrit.
Yn y dyfnder y clymwyd gwreiddiau dur i'r ddaear,
Ac yng ngolau cignoeth y nwy glas y cydiodd
    canghennau haearn
I gordeddu drwy drwch o galedwch a dywalltwyd
    arnynt.
Blagurodd pwerdy ar hyd sgaffaldiau
A blodeuodd gwydrau ynddo'n ffenestri.
Epiliodd ar beiriannau a switjiau o'i fewn
Fel hadau egni.
Rhwydwyd darnau o'r awyr gan beilonau,
Rhwydwyd yr awyr gan eu gloywder haearn;
Yr had-rwyd a rwygodd ei hun trwy'r pridd i ddal
    yr awyr.
Daliwyd hen elfen y dyfroedd dan hawl dyn
I'w rheoli a'i gollwng o'r mynydd
I ruo yn y ddaear yn y llwybrau cynlluniedig,
Ac i ffrwydro'n ias o wyn i droell y cynhyrchydd
Nes bod y trydan yn hymian hyd wifrau'r peilonau.
Ac o gilio o dwrf yr haearn

Glaniodd y gylfinir o'r awel i ailosod ei nyth yn y
    gwlyb
Dan hymian grym y dyfroedd caeth yn y gwifrau.

Llais 1:   Gyda'r gwaith daeth y stryd yn hoyw o obaith.
Bysiau'n llawn am wersyll Tanygrisiau.
Cadw lojwrs. Arian ar law.
Gweithio dros oriau, dwbwl dâl am Sul
Ac amser a hanner bnawn Sadwrn. Gweithio nos.
Gwyddelod braf a garw, ar dro'n barod eu
    hymryson.
Tafarnau llawn a'u cân yn llawen.
Gwŷr mewn hetiau tun a chotiau oel
A llythrennau cwmnïau ar eu cefnau
A bwtjias cwmnïau am eu traed yn lluosogi lliw.
Teledyddion, céir, peiriannau golchi,
Bathrwms, recordiau, bingo.
Anodd cael bwrdd yn y lle biliards.
Dawnsfeydd yn llenwi ar ôl deg,
A genethod yn gosod eu gwalltiau
Yn y dulliau diweddaraf.
Byd newydd i'n hiaith, a'i bwrw
I gybolfa lon o deimladau a diddordebau a thaclau
    newydd.
A hithau heb wrido unwaith o'i hetifeddiaeth
Yn cyfryngu i'r anghenion, yn lodes ifanc
Fodern â'i sgert yn ddiddorol o gwta,
Yn wir, yn ddigon bethma
Ond yn hoyw wrth ei byw.

Llais 2:   Mae gwacter yn y stryd fawr,
Gwacter segur yn sefyllian yn nrysau siopau
Ar ôl amser cau,
Pan fo'r tywyllwch wedi difa'r nwyddau o'r
    ffenestri.
Dafad unig yn croesi i loches y clawdd.
Bydd clecian oer o sgidiau
Wrth i wŷr â'i ben yn ddwfn yng ngholer ei gôt
Symud â'i ddysgl dan ei fraich am y siop tjips.
Yn ambell ffenestr mae golau gwelw'r teledydd,

46

A daw pwl o chwerthin o America i'r stryd.
Mae golau yn y tafarnau, lleisiau yno a gwydrau
Ac weithiau gip o gân – 'Myfi sy'n fachgen ifanc
    ffôl',
'I bob un sy'n ffyddlon', 'She loves you'.
Mae'r gloch yn cychwyn y bws olaf
I olrhain ei goleuni'n ddiddiwedd o'r dref.
Mae'r trên ddeg yn ei hel ei hun
Yn oleuadau o'r orsaf ac yn llyfnu'r rheiliau
Tua'r Twnel Mawr.
Ar hanner nos bydd y polion yn diffodd
A gadael y dref yn gandryll o dywyllwch a
    strydoedd gwag.
O dan y toeau yn y tai,
Ym mhwll y galon beth yw'r ofn?
Y dôl a dwylo segur.

        *   *   *   *

Llais 1:   Ar ein craig yn chwarel y cread, yma yr ydym,
            Wedi ein tynnu o'r groth i blith symudiad y
                planedau
            I ystyried agor yr awyr leuadlon
            A'r goleuadau mân sy wedi eu tywallt hyd y
                tywyllwch,
            I syllu i'r dyfn ac archwilio
            Heb wybod yn iawn am beth i chwilio,
            I gerdded ar hyd y llwybrau a chyfarch ein gilydd,
            Ac i gael ein llusgo ymaith gan angau.

Llais 3:   Y mae hi yn edrych yn y drych yn feunyddiol
            Ar y blynyddoedd yn crynhoi hyd ei hwyneb,
            Ac yn ymdrechu gydag amser drwy hufenna ei
                olion.
            "Petawn i'n gwybod fod blas pethau yn pallu
            A fuaswn i wedi gwarchae mor foesol ar fy
                ienctid?"

47

Llais 2: Mae blewyn y blynyddoedd yn cael ei blicio oddi
          arno yntau,
          A'r daith o'r gwaith i'r tŷ yn anadlu'n fyr ar ei
          funudau.
          "Petawn i wedi ystyried fod y cysgodion o'm
          cwmpas yn symud
          Ac nad llonydd oedd yr haul,
          A fuaswn i wedi eistedd ar gynifer o bwyllgorau
          Yn dadlau fy ffordd at gadeiryddiaethau
          anrhydeddus?"

Llais 1: Os bydd henaint, fe fydd yr ifanc hefyd.

Llais 2: Pêl-droed yw byw, ac oriau'n peidio
          Wrth i'r bêl lynu yn ei draed: felly Huw.

Llais 3: Mae Margaret yn ei hel ei hun yn barod
          I gyfarfod yr un y bu'n meddwl amdano yn y nos
          Cyn mynd i gysgu.
          Mae'n chwistrellu lladdoglau o dan ei cheseiliau
          Ac yn llenwi ei meddwl â hysbyseb: dyma ydyw
          byw.

Llais 4: Uwch ei llyfrau, sy'n llawn problemau
          Mathemateg Safon Uwch y mae Brenda,
          Ac yn berffaith sicr ei meddwl nad dyma ydyw byw.

Llais 2: Mae rhai munudau i Idris yn weld
          Y tu ôl i bethau, hyd at Dduw;
          A gwybydd yntau yn ei galon beth yw byw.

Llais 1: Y cyfan rhwng y creigiau
          Lle mae'r meini byw.

                    *   *   *   *

Llais 1: Ac ar nosweithiau llaith a'r niwl yn symud
          Fe glywn y rwbel yn dechrau llacio a rhedeg
          A chrafu'r nos fel hen esgyrn.

HILIOGAETH CAIN

[Cerdd i leisiau. Lleisiau Gwŷr yw'r tri.]

Llais 1: "Bydded" oedd y dechrau
Ac ysgydwodd y tywyllwch fel cadwynau.
Llafn oedd egni bod yn llempian y gwacter,
Cynnwrf trwy ogof y nos.
Trwy wres ac oerfel y crewyd defnyddiau
Ac yr enillwyd y byd.
Ganwyd y môr, a chyrhaeddodd yr haul
I gyfebru'r dyfroedd ar egin amser.
Gyda chusan loyw ac anwes yn gynnes
Y crynhodd drwy serch yr eigion
Fân fywyd i siglo a bwydo yn arafwch y dyfnder.

Yn y môr yr oedd mwynau
Yn gymhleth gynhenid fel pelydrau bywyd
Yn maethu a mwydo'r organau mân.
Ac yn y dwfr – o geulo'r elfennau,
Drwy gwsg y môr – y daeth planhigion
I sipian gloywder yr haul
Ac yn astrus i droi yn fywyd.

O hyn yr heigiodd y dyfroedd
Ac yr amlhaodd celloedd yn y dwfn.
Megis cariad yn hidlo drwy'r cenlli
Cynyddodd y celloedd drwy'i gilydd
Gan sugno'r naill y llall i'w fodolaeth
A throi'n gymysgwch newydd, a gwahanu.
Yn y darfod yr oedd bod,
Yn niwedd yr hunan yr oedd byw
A'r "Bydded" dirfawr ar gerdded.

Llais 2: Mil miliwn, mil miliwn, mil miliwn;
Blynyddoedd, canrifoedd, myrddiwn.
Yn nhreigl amser fel yn nhreigl y dyfroedd
Y mae bod a darfod bydoedd.
Yn nhreigl yr oriau yn y dyfroedd
Y mae bod a darfod celloedd.

49

Yn y byd hwn dimensiwn yw bod
Sydd y tu mewn i droad ein rhod,
A'n rhod ydyw amser dragywydd yn troi.
Creu ydyw amser yn cael ei roi,
A pheidio â bod yw ei osgoi.
Mil miliwn, mil miliwn, mil miliwn;
Blynyddoedd, canrifoedd, myrddiwn.

*　　*　　*　　*

Llais 1:　Yn y llaid cyntefig y datblygodd einioes,
Yno yr ymestynnodd celloedd ac y crynhodd
　　organau
Yn ymlusgiaid oedd yn gwingo a llithro,
Yn crwydro'r dyfroedd ar ymgyrch y distyll.
Meddalfwyn, bolwyn ym mhlwc y lli;
Cyndyn yn cydio ar lawr cefnforoedd,
Yn diogi drwy lewyg ac wylo y gwymon
A breuddwyd araf y dyfnder.
Yn ysfa bywyd y caledodd torrau fel tariannau
Ac y datadodd breichiau
I grafangio a chydio a chael.
Agorodd geneuau ar y ffurfiau yn y môr
A daeth bwydo yn ffurf ar ddistrywio,
Neu gyfnewid bywyd yn fater i feithrin byw.
A'r môr, heb wastraff, yn creu o bob gwastraff.

Rhwng y môr yr oedd y graig
Ac arni ôl ffrwydradau tân a iasau rhew.
Ar yr angherdded hwnnw y crwydrodd einioes.
Llusgodd y creadur o'r dŵr
Ac ymbalfalodd y planhigyn am y gors.

Cododd ymgeledd o groen ar y graig,
A rhwng hadu a phydru
Daeth y ddaear i darddu a thyfu.
Magodd cnawd a gewin a dant,
Llygad ac asgell a lladd.
Yn llaid y byd ymdreiglai'r creaduriaid
A greddf hilio a difetha

50

Yn cyniwair ac yn clymu yn eu gwaed.
Yn y coedydd hongiai lladd fel seirff
Gan fwrw llysnafedd rhwng y blodau;
Hyd y balf waedlyd diferai,
Cynheddfai yn gynhenid trwy grafangau.
Ond yn y bwystfil â'i ben yn ei ysglyfaeth
Yr oedd rhan o raid byw,
Megis ag yr oedd yn nefod y cyrff
Yn cyplysu yn fenyw a gwryw.

*   *   *   *

Llais 2:   Galwer ef yn Adda,
Yr hwn y rhoddwyd iddo agwedd gŵr.
Yr hon y rhoddwyd iddi agwedd gwraig,
Enwer hi yn Efa.
Ac Adda a adnabu Efa.
Drwy y rhoddi hwnnw yr enillwyd gwŷr –
Cain, y cyntafanedig, ac Abel.

O lafur y ddaear dug Cain at ei Dduw
Offrwm o ffrwyth i ennill ei ffafr.
Abel yntau o fraster ei breiddiau
A ddug ei offrwm i'w Dduw.
A Chain a ystyriodd fod golygon ei Arglwydd
Yn dewis offrwm Abel.
Am hynny yr hidlodd casineb trwy ei waed
Fel yr hidlodd bywyd trwy'r môr.
Amlhaodd marwolaeth fel ymlusgiaid yn ei ben.
Cymalodd ffurfiau coch a phorffor
Ag arnynt olion tywyllwch fel canghennau angau o'i
     fewn.
Trwy fyfyrio marwolaeth y crewyd distryw arall,
A dyn a ddifethodd ddyn.

Nid oedd yma fendith y ddaear ar y marw
Nac ildio'r corff o'i flinder i'r pridd.
Sgrech gandryll o'r nos, darn o enbydrwydd ydoedd.

*   *   *   *

51

Llais 3:   Galwyd ef yn Ares, galwyd ef yn Mars,
Y duw hwn yn diferu'n ddu o waed o'i esgor
Ac yn dwyn tywyllwch yn ei ddwylo fel lamp.
Rhoddwyd iddo rym, rhoddwyd iddo arfau,
Rhoddwyd iddo sgroliau ac arnynt ysgrifen angau.
Hwn a gyfyd drwy'r canrifoedd
Gan fynegi nerth ei fyddinoedd,
Afrifed ei beiriannau,
Ac erchyllterau brwydrau.
Ymffrostia yn nifodiant rhai bychain,
Sonia am yr wylo a'r celaneddau,
Y drylliedig, a'r miliynau maluriedig,
Llygaid oerion y meirwon yn yr haul,
Y cyrff gwelw yn y glaw;
Sonia am ddinistr disyfyd tân a ffrwydradau,
Am falu a thrywanu a thrueni.
Cyfyd ei ddwylo gwaedlyd gan gythryblu ei
    arfogaeth
A dengys ddull ac ystum lladd.
A ninnau a fwytawn y tywysennau
A dyfodd drwy waed ein milwyr.

Llais 1:   Cynddaredd oedd pwnc y gân honno
A fydryddodd Homer ym more Groeg,
Cynddaredd du Achilles ger muriau Caerdroea.
Byddinoedd yr Achaeaid a rwygodd foroedd o
    Argos
Dan Agamemnon, brenin gwŷr,
I warchae er mwyn Menelaus ar y ddinas hon.
Megis y dechreuodd y rhyfel er mwyn Helen
Yr hon a gipiodd Paris o fynwes Menelaus i Droea,
Felly y cychwynnodd dicter Achilles er mwyn
    merch–
Chryseis y gruddiau addfwyn–
Ac y gwastraffodd yn y pebyll yn sŵn yr arfogaeth.
Hyd nes, wedi'i ardderchogi ag arfau Achilles,
Yr aeth ei gyfaill Patroclus i'r gad
Ac y drylliwyd ef gan Hector.
Cwympodd yn derfysglyd a synnwyd byddin
    Achaea.

Wylo am Batroclus, wylo
A baeddu ei harddwch â llwch ac â dagrau.
A phan ddaeth arno'r rhaid i ladd y lladdwr
Yr oedd, yn ôl darogan y duwiau,
Arno yntau, Achilles, farc angau.

Dan law hwn y daeth angau ar Hector.
Ac o gofio am Patroclus yn gorff
Fe rwymodd gnawd ei leiddiad wrth gerbyd ei
    ddialedd
A'i lusgo yn ei warth o amgylch ei bobl.
Syrthiodd y llwch ar y pen oedd unwaith mor hardd
A chreithiwyd y llygaid yn y llawr.

Yna'n henwr fe ddaeth Priam i erchi corff ei fab.
A'r olwg arno a'i eiriau a gododd lun
Ei dad ei hun ym meddwl Achilles.
Enynnwyd tosturi yn y rhyfelwr
A chronni ynddo ei ofidiau yntau,
Oherwydd y mae'r dewrion hwythau
Yn wylo dagrau.

Rhoddwyd y corff i anrhydedd ei bobl,
Casglwyd y coed a ffaglodd y tân trwy'r cnawd.
A phan ddaeth y wawr wedyn
Gan oleuo'r dwyrain â rhosynnau ei dwylo
Cymerwyd yr esgyrn gwyn,
Y gweddill a oedd unwaith yn Hector,
Ei gladdu a dychwelyd i Droea –
I ganlyn arni gyda'r rhyfela.
Dyna ydyw hanes cynddaredd.

* * * *

Llais 3: Yn y wlad oedd ohoni ar wawr y Gymraeg
Ac wedyn yn oes ein tywysogion
Yr oedd Ares yn rymus, dewredd i'w edmygu,
A rhyfel ynom ni fel Cymry.

Llais 2: Brainborthwr arglwydd, llafngoch lladdai lu,
Meddw wayw o waed a drawai,
Trichant yng nghreunant angau trychai.

53

Rhychor, angor cryf yn y mordrai,
Nid oedd elynlif a'i symudai.
Diffynnwr, yn adwy y safai,
Tarw trin ddewrgorff, hwn ni chiliai.
Saeson gadoedd agwrdd gymynai,
Rhyfel elyn, hedd hawdd ni roddai,
Grym Samson, egrarw, difai.

Gwelais rhag rhuthr waed ar lwybrau ing,
Gwelais gedwyr, rhudd gelaneddau.
Gwelais loywddwr yn llid o friwiau,
Llonyddu trai gan drymder angau.
Gwelais haul gwaedgoch uwch cadlannau,
Lliw lladd hyd yr awyr, gwewyr glytiau.
Gwelais fyngras feirch mawr, meinwinau,
Carn-fathru tir, mathru pennau.
Brwysglafur lladd, ar ôl hir oriau
Gwelais liw gwaed yng ngwin y gwydrau.

I'm harglwydd gelynrwyd, gydymaith da
Y prydaf, cwynaf waywlid ei laith.
Hil teyrn hael, haearngroch eu henwaith,
Derw ddôr, angor mawr y môr diffaith;
Rhwyddglod, geirfawr o gludo anrhaith,
Rhyfelgoch, rhyferthwy grug mewn goddaith.
Gloywlyw trin, tarian aerwan eurwaith,
Eryr rhudd argyfrain, gadrwaith.
Hirloes hiramser a'm dêl o'i hiraeth.
Rhad Duw, nef ben, yn niwedd ei daith.

*   *   *   *

Llais 3   [*Fel pe'n annerch cynulleidfa*]:
Ond hon, efallai, i Ares yw'r ganrif fawr.
Yn awr nid wyf am honni
Na chafodd ei fodloni
Yng nghyrchoedd ein cyndadau:
Yn wir, fe wnaent eu gorau.
Nid ydym ni'n ystyried
Gwaith cyllell – o'i gynefined –
Yn ardderchowgrwydd mawr ar ladd.
Ond mewn cyfnodau cyntefig

Yr oedd medru hogi gelyn yn gig
Yn sicr, fe gytunwch,
Yn rhyw fath bach ar glyfrwch.
Ac wedyn dyna saethau
I drywanu drwy fywydau,
Caffaeliad – rhaid wrth degwch –
Yn eu hamser, fel y gwelwch.
Fe ellid nodi fod y bicell
A'r waywffon, ynghyd â dichell
A dewrder yn medru peri lladdfa
Eithaf, ar ryw raddfa.
Ond wedi dod y powdwr du
Mae pethau'n gwella, welwch chi.
Fe ellir o gryn bellterau
Roi bwledi poeth drwy bennau,
Neu, o ran hynny, aelodau
Eraill o gyrff gelynion
A'u maeddu hwy fel dynion.
Ond beth yn awr a ddwedwch chi
Am y cynnydd yn ein canrif ni?

Fe allwn lenwi'ch pennau
Â phóetri ystadegau
I ddangos effeithiolrwydd
Bwledi a gynnau, a llwydd
Gwifrau a thanciau a nwy –
Na pha un ni fu eto fwy –
Yn yr hyn a elwir 'nawr
Gennym ni yn 'Rhyfel Mawr'.
Ond nid wyf fi yn credu,
At ei gilydd, fod pobl yn medru
Gweld darlun mewn ffigurau
Nac yn gallu dirnad ffeithiau.
Felly ystyriwch yn ddwys yma
Faint o'ch perthnasau aeth i'r Rhyfel Cynta'
Heb ddod yn ôl oddi yna?
Ac o'r rheini a ddaeth adra
Pwy yn awr sy'n byw mewn poen
Â darn o shrapnel dan ei groen?
Neu pwy sy â'i 'sgyfaint yn wenwynig,

Mor aneffeithiol, bron, â menig?
Pethau fel hyn sy'n dangos i chi
Athrylith dyn yn ein canrif ni.

Dim hel dail, dyn drwg oedd Hitler.
Ac eto o sylwi'n graff ar y mater
'Roedd rhywbeth heblaw chwilen yn ei ben
Yn ôl y dull y trefnodd mor gymen
I roi pentwr o Iddewon llwm mewn pobty
Ac yna edrych arnynt yn crasu.
Yr un mor gymen 'ddwedwn i
Yr aethom, ar ein hochor ni,
I ollwng bom ar Nagasaki.
A ffrwydro'n well na Fuji Yama
A wnaeth dinas Hiroshima.
Yn y lleoedd hyn 'roedd pobol yn ffrwydro,
Yn cael eu difetha'n llwyr a'u darnio,
Yn cael eu dallu nes bod tyllau
Du a gwlybion lle bu llygadau.
Efallai'n wir na fu er dechrau amser
Y fath artistwaith – i ladd ysgelerder.
Dyma goron sy'n gymwys i ddewrder.
Beth yn awr a ddywedwch chi
Am y cynnydd mawr yn ein canrif ni?

＊　　＊　　＊　　＊

Llais 1:   Fe adeiladwyd hefyd o ddyn ysbyty ei gariad.
Yn faen ar faen fe dyfodd ymgeledd
A chordeddwyd y cerrig yn ei gilydd â gofal.
A'r sment a'r meini hyn sydd yn lluest mewn poen.
Dygwyd y rhai a dorrwyd gan y tywyllwch,
Rhai â chysgodion angau arnynt,
Drwy borth y tynerwch hwn.
Y mae addfwynder yn feddygon gwyn a
        gweinyddesau
Yn plygu uwch doluriau dyn
Ac yn eu hesmwytho ag eli fel bendith.
Y mae purdeb y dur yn archwilio marwedd

A'r tyfiannau sy'n chwyddo a chyndynnu yn y
    cnawd
Ac yn pesgi eu marwoldeb ym mywyd dyn.
Trywennir disgleirdeb y gyllell fyw ym
    mrwdfrydedd clefydon
A thorrir a chrefir ymaith lid afiechydon.
Mae awch y sgalpel yn lladd y burgyn
A gloywder bywyd yn brathu i'r gwaed.
Uwch y byrddau llonydd mae llawfeddygon
Yn pwytho einioes ac yn clymu bywyd.
Ailgydia yr asgwrn toredig, nydda'r malurion a
    llaesa gwewyr.
Dim ond y niwed anhydyn
A heintiau mor ddwfn â phechodau
Sy'n eu gwaredu eu hunain rhag ias y cariad hwn.
Ac y mae'r Arbenigwr dioddefus sy'n feistr ar
    angau,
Fe ddywedir, â'i ystafelloedd yma y tu hwnt i'r
    cynteddau.

Llais 2:   Yma, yn ogystal, y mae'r esgorfa
Lle cyfnewidir cariad a chwant, rhoi, cymryd a
    derbyn,
Had a gwaed yn blentyn.
Yma y daw cnawd ar gariad
Ac ymafael cymhleth yr awch rhwng deuddyn.

Nid yw pethau'n neis na syml yma.
Ystyrier y llond croen o sgrech hwn, heb draed –
A oedd cariad yn brin pan luniwyd ef?
Daeth â'i siom o'r groth gydag o,
Rhoddodd ddraenen waedlyd yng nghoron y
    tynerwch
A fu rhwng y gŵr hwn a'r wraig hon.

Wedyn, ystyrier hithau yn ei choban dlodaidd
Yn arswyd a hiraeth am yr hyn a dreisiwyd o'i
    chorff.
Cwmwl barfog, llygad gwaedlyd o loer, cryndod y
    ddaear,

Aroglau chwerw yr wyneb hwnnw, a'r llawr llaith:
Dyna'i chofion yn blethiadau tew fel paent.
Ac, yn awr, yr enedigaeth a'r baban braf.

Noder yr esboniadau genetig
A'r cymhlethdodau posib,
Er hyn ni ellir llunio graff o boen
Na chatalog o gariad.
Yn nefnydd y teimladau y mae'r gyfrinach
A fu rhwng y nos a'r goleuni,
Rhwng yr haul a'r môr ar egin amser.

Ond ysbyty yw hwn o gariad,
Os yw gwae ac angau yn friwiau ac aflendid ynddo
Ysbyty yw hwn at y geni ac at gadw.

*　　　*　　　*　　　*

Llais 3:　Beth a wnewch chi yna misus
　　　　　A'ch pen yn oer yn archwilio ffrijis?

Llais 1:　Mae dagrau ar ruddiau llawer mam
　　　　　Ynghanol y gyflafan yn Fietnam.

Llais 3:　Er mwyn cyflog sbel dros yr ugain punt
　　　　　Mae Joni ar streic ac yn byw ar y gwynt.
　　　　　Abertha rhai'n siŵr o beintiau cwrw,
　　　　　Ffags a phres ceffyl yn ei ferthyrdod chwerw.

Llais 1:　Mae gwaed ar y glaswellt ger Dong Hoi,
　　　　　Er cymaint y lladd, nid yw'r rhyfel yn llai.
　　　　　Cenhadon angau a gyferfydd
　　　　　A diffeithir y bobl beunos beunydd.

Llais 3:　Mae'r eneth lân yn rhyddhau ei greddf
　　　　　Wrth rythmau'r miwsig, boed lon, boed leddf,
　　　　　Ac mewn parc yn y ddinas ar ôl y ddawns
　　　　　Mae hi'n fodlon rhoi – heb gymryd – siawns.

58

Llais 1: Mae Ling yn ugain ac yn byw yn Hué
Ac 'roedd iddi ddyweddi nes un nos yn y dre'
Disgynnodd adeilad a chymryd ei choes,
Bydd hi yn awr yn hen ferch am ei hoes.

Llais 3: Mae Mister Huws a Misus Huws yn deidi
Yn byw mewn tŷ *detached*, rhif *twenty*,
Mae car yn y garej a chelc yn y banc
Ac amheuthun eu swper yw gwin bach a chranc.

Llais 1: Yn y berth yn y gors mae rhywun yn llechu,
Mae o'n barod i ladd yn ei awydd i drechu.
Rhowch dawlfflam arno ac fe'i gwelwch o'n crïo,
Heb 'run bwriad i ladd wrth i'w groen o ffrïo.

Llais 1: Ar ôl diwrnod o waith fe weli
Boenau'r byd drwy lygad y teli.
Heb eiriau, yn dy deimladau, dywedi:
"Ai ceidwad i'm brawd ydw i?"

Llais 2: Ar ôl clecian o'r set deledu
A throi botymau i'r llun lonyddu
Ac edrych ar y tywyllwch yn cynyddu
Fel pwn yn yr awyr y tu hwnt i'r ffenestri –
Fflach, ennyd ddistaw, ac yna rhyferthwy a bâr
Erchyllterau thermo-niwclear.
Noethi, llymu ymysgaroedd, blingo,
Chwyrnellu distryw, darnio.
Taniad coch mor hy â rhwygo
Wyneb dyn oddi am ei ddannedd o.
  Llwyr ddryllio.

Llais 3: Dyma lle'r oedd dinas
Yn morgrugo o brysurdeb,
Yn strydoedd o symud,
Yn ffurfafen ysgythrog o adeiladau.
Yma yr oedd bysiau'n ceisio cadw at eu hamser,
Céir yn amyneddu yn y ffyrdd
Drwy regfeydd a goleuadau fyrdd.
Yma yr oedd dryswch systematig o heolydd

A rhwydwaith weithredol o garthffosydd.
A phawb â'i fwriadau yn yr anhrefn.
Yn awr y mae yma dair mil o eneidiau
Bron wedi tagu ar eu budreddi eu hunain
Yn gorffen cael eu hysu yn eu llochesau
Gan wâst o radio-egni.

Yn Arfon, yn Eifionydd, rhwng y cloddiau gwair
Ar ddiwrnod braf 'roedd darn o wlad
Dymunol i ymwelwyr a digon rhad.
Yr oedd yno Gymraeg a thrigolion
Sy'n awr mor ferfol orffennol â'r Mabinogion.
Bu farw'r tir. Aeth i'r fynwent hir
A ddechreuodd grynhoi – dyna'r amlwg wir –
Ar ôl hollti'r atom.

Fforestydd De'r Amerig
Oedd y lle lleiaf peryg'
Yn ôl y damcaniaethwyr doeth –
Cyn i'r lle gael ei sgubo'n noeth.
Un o feddyliau olaf
Arbenigwr praff a gartrefodd yno
Oedd mai gwastraff braidd oedd y draul o fudo.

Llais 1:   Ar amser: llonyddwch.
Gwynt llwm yn yr olion a'r llwch.
Olion, llwch a llonyddwch.

A'r môr yn glaf
Yn siglo ei afiechyd o'i fewn
Dan yr awyr gignoeth.

*   *   *   *

Llais 2:   Mil miliwn, mil miliwn, mil miliwn;
Blynyddoedd, canrifoedd, myrddiwn.
Yn nhreigl amser fel yn nhreigl y dyfroedd
Y mae bod a darfod bydoedd.
Yn nhreigl yr oriau yn y dyfroedd
Y mae bod a darfod celloedd.

Yn y byd hwn dimensiwn yw bod
Sydd y tu mewn i droad ein rhod,
A'n rhod ydyw amser dragywydd yn troi.
Creu ydyw amser yn cael ei roi,
A pheidio â bod yw ei osgoi.
Mil miliwn, mil miliwn, mil miliwn,
Blynyddoedd, canrifoedd, myrddiwn.

Llais 1:   Halen sydd yn archoll y môr,
Fel cariad yn meddyginiaethu'r dŵr
Ac yn ymgeleddu'r defnyddiau.
Gloywa'r haul fel llanc i'w oed
A chyda'i gusan a'i anwes yn gynnes
Crynhoa ei gariad drwy'r eigion
I adfer mân fywyd i fwydo yn arafwch y dyfnder.

"Bydded" oedd y dechrau, "Bydded" yw,
A "Bydded" fydd am mai "Bydded" yw Duw.

RHYW WRAIG

Trwy belydr yr haul yn y canghennau a'r glaw yn y pridd
Daeth newid ar yr afallen:
Aeth tynerwch yn wyn drwyddi.
A daeth yr awel wedyn i ysgwyd y gwanwyn ohoni.
Mae hi'n hŷn o un eleni.

*　　*　　*　　*

'Roedd hi'n llawn dawns, yn ddeunaw
Lawen, lân a'i chorff yn dynn ond yn addfwyn.
Ond yr oedd amser wedi cau am ei garddwrn
A'i fysedd oedd yn newid ei heinioes.

Mae'r blynyddoedd yn llacio'i chorff,
Yn dwyn ei dawns ohoni,
Yn peri iddi osgoi llachar y goleuni.
Ai angau yw hyn ynddi?

Mae rhan o angau mewn amser.
Megis yr awgryma ail ddeddf Thermodeinameg,
Yn ei flaen y mae amser yn myned.
Mae ei chorff yn brawf o hyn iddi

Oherwydd eleni hen yw hi.

OCTOPWS

Ceffalopod molwsg meddal,
Fel wy heb blisg, yn frith o freichiau neu goesau,
Yn hongian yn hwb y llanw dan wyneb y dŵr
Cyn llacio i lawr ar chwâl i'r llonyddwch sy yn y dwfn.
Ei gyrraedd araf sy'n dendar wawr felyn,
Yn drwsgwl eglur ar lawr eigion,
Ac yntau'n chwilota'r dyfroedd
Gan symud ei enau fantach yn y mudandod addfwyn
Sy'n hel o lanw a thrai i hesg breuddwydiol y gwaelod.

Mae hwn fel ymennydd mawr wedi'i dorri
O ben dynoliaeth a'i heglu i lwybrau dŵr.
Mae edrych arno fel syllu ar ddirwyn gallu o'r môr
Yn nhreigl amynedd y byd i adeiladu byw.
Fel gwymon, yn gymysg o freuddwyd a hynafiaeth,
Yn addfwynder diog yn yr heli, darn o gwsg,
Un felly yw'r ceffalopod molwsg.

MÔR

Edrychaf ar y dŵr yn hallt yng nghilfach y graig
Yn archwilio ffurf y garreg, yn taro ac yn diferu
Gan sïo'n wyn a drachtio'r swnd, a chilio.
Ymchwydd a goferu. Mae'r môr yn bwyta'r ddaear.

Ysu heli sydd yng ngarwedd y garreg.
Mae ei thoreth caled yn wylo fel loes i'r dŵr
A'i hegrwch yn cael ei lempian a'i lyfnhau
Drwy'r anesmwythyd hir.

O ryferthwy y ffurfaen y treigla grym i'r dyfnder
I ysgwyd y dwfr ac i beri llam gwyn
Fel rhyfel ar wyneb y meini. Malurion
O eigion sy'n waedfriw ar safn y tir.

Yna llonydd gloyw o haul ac anwylo,
Dŵr yn wlyb ei law yng ngholuddion clogwyni.
Sïo ac ysu, sigl lipa gariadlawn dros garreg.
Yn llyfn a garw mae'r môr yn bwyta'r ddaear.

CORS FOCHNO

Pa fodd y bu i obaith fwrw ei wraidd i'r diffeithdra hwn?
Yng nghwsg anghyfannedd y gors mae Arthur yn freuddwyd,
A rhwng y brwyn y mae Owain ac arwyr eraill
A ddifawyd gan amser.
Y mae'r mab darogan yn y mawn a gwanc y tir gwlyb.

*   *   *   *

Darogan awen y daw dydd
Yn y gors pan fydd buddugoliaeth,
A phen gaflog y gelyn yn gwagio ei ymennydd
Fel grifft llwyd yn y cilfachau anial.
Bydd cedwyr arfog yn medi cynhaeaf angau yng nghyrff hil
    Ronwen.
Sgrechian epil Hors a hyllt y gors
A'r saethau'n gwefreiddio yn eu calonnau.
Bydd coch eu heinioes yn llifo gloywder yr haul yn y pyllau.
Darogan awen y daw dydd.

*   *   *   *

Ar ran o'r gors heddiw y mae cwmni o Loegr
Yn tyfu tatws. Fe holltir *tjips*
O dir gobeithion enaid Cymry oedd wedi eu difwyno gan
    waed
I gynnal cenedl.

A'r genedl hon ydyw'r gors,
Yr anobaith sydd wedi ei hau â gobaith,
Y tywyllwch diffaith sydd wedi ei glymu â goleuni.
Hon ydyw'r Fochno barhaus.

[Ar yr arfordir ger Aberystwyth y mae Cors Fochno. Sonnir llawer amdani mewn hen ganu proffwydol Cymraeg. Mae'r ail bennill yn adleisio hen ganu felly. Dywedid yn aml mewn canu o'r fath fod Arthur ac Owain neu arwyr eraill am ddod eto i achub y genedl, hynny yw, yr oeddynt yn 'feibion darogan', yn bobl yr oedd proffwydo amdanynt. Y gelyn, sef y Saeson, oedd 'hil Ronwen' ac 'epil Hors'.]

RHWNG DAU

"Y mae'r tempo wedi newid, nid oes dim yr un fath
Fyth oddi ar dwf mawr technoleg.
Ond cynhaliwn ynom hen freuddwydion o'r hen fyd
A daw arswyd arnom am na fedrwn greu bywyd
O hiraeth a chysgodion o'r hyn a fu.
Yr ydym yng ngafael cynhyrchion synthetig,
Ac un o'r dyddiau braf hyn mae'n debyg
Y bydd coeden mor *passé* â'r ceffyl."

"Y mae fy meddwl yn llawn o fôr a sêr
Ac awyr yn agor ei asur fel Beibl ar bulpud.
Mae cofion am gae daffodil yn siglo'n felyn awelog
Yn lleibio o gwmpas celloedd fy mhen.
Ac y mae gweld coeden yn gwrymio'n llwm i'r cymylau,
Neu'n dorllwyth o sgytiadau gwyrdd
Yn peri i mi deimlo'n gymydog i'r ddaear.
Yr wyf fi'n fwy *passé* na'r ceffyl.
Hen. Yn ddiau pterodactyl!"

"Rhaid i ti fyw mewn dinas lle maen' nhw'n dwyn
Y gwanwyn i'r strydoedd mewn basgedi
Ac yn llenwi'r nos â goleuadau.
'Dwyt ti ddim wedi byw rhwng olwynion,
Polion, adeiladau, na mynd yn rhan o ystadegaeth
Yr ugeinfed ganrif. Nac wedi teimlo'r hen fyd
Yn gwagio ohonot, na gweld Duw wedi marw
Trwy fformiwla a phapur graff a gwacter.
'Wyddost ti ddim am y delweddau o adnabod yn sychu yn y
   dychymyg
A'r byd yn troi'n eiriau a dieithrwch a phobol sy'n marw.
'Fedri di ddim dal y byd hwn â throsiadau,
Cysgodion, a rhythmau."

"Y mae delwedd nad wyf yn ei gwybod,
Y mae gair nad wyf yn ei adnabod
At gadw dy fyd. Nid rhith o'r hen fyw,
Ond dawn bod."

"Felly'n wir."

DYN MEWN CAR

Rhyw geiniogwerth o ddyn bach oedd o
Gyda thraed bach a dwylo bach pinc ganddo
Fel gwadd. Ond mi brynodd gar mawr.
'Roedd ei fil o bunnau o yn fil o bunnau
Fel arian pawb arall, yn bris car mawr.
Prynodd iddo'i hun gerbyd o haearn.

Ar glustog, gan syllu trwy'r llyw,
Swatiai'r dyn bach trwy filltiroedd byw,
A pholion yn hoywi heibio'r ffenestri
A gwrychoedd a waliau yn llifo yn lliwiau.
Hyd nes y daeth o at wal oedd yn llonydd,
Pryd yr aeth y dyn bach i'r bywyd tragywydd,
        Heb ei gar.

CEILIOG

Mae o'n clywed yr haul
Yn troi yn ei wely tua'r erchwyn
I wisgo'i sgidiau gloyw i drampio'r awyr.
Mae o'n rhagweld gwin ac aur ar war gorwel,
Ac o dawelwch ir y bore daw ei lais
Yn gandryll i unigrwydd y cyfddydd.
Wrth drwch goludog y galw mae'r nos
Fel gwrach dywyll, salw yn hel ei thraed.

Yn yr haul pigloyw ar y buarth
Mae o'n gwefrio, a'i blu'n
Symudliw las, ei eurdorch am ei wddf
A'i gynffon yn helyg blyg o ddisgleirdeb.
Ar flaenau ei draed melyn, yn blyciog-urddasol
Ei gerdded, dyma frenin cochgrib yr ieir.

Rhwng hwn a'r haul y mae cyfamod
I ddal y dydd rhwng tywyllwch bod.

CWESTIWN

Ac fe waeddaf "Pam?" yn nannedd y digwyddiad,
Nes bod adlais yn rhincian yr esgyrn gwelw
Yn ôl, ymhell yn ôl i'r digwydd cyntaf hwnnw
Yn Eden yr afalau, a blas y gwybod chwerw.

Yn Thebau dacw'r ffordd yr aeth y brenin
Gan hercian o'i ddeudroed twll dan yr haul,
A'i olwg yn diferu'n boen o dyllau dan ei ddwyael.
Ar hyd y ffordd wag hon yr aeth y brenin araul.

Yn llonyddwch yr haul, mewn annibendod melyn,
Mor loyw yw'r meirw. Ond swnd sy'n gras i'w harfogaeth,
A phryfed du sy'n suo a glynu i'w marwolaeth.
Noetha brenhines i asb ei bron, megis mamaeth.

Hen ŵr ym Mhowys dan ei raid, y diriaid,
Heb gyfannedd yn bugeilio'i hiraeth,
A ffrwyth ei gnawd yn clwyfo'r rhyd, yn faeth
I'r ylfin goch a'r grafanc. Amser a fu, a aeth.

Warsaw. Mur yn cynyddu fel poen. *Juden raus.*
Seren Dafydd ar foddi yn y stryd. Meini
A nadredd, bwytewch. Wrth afonydd trueni
Nac wylwch, cewch eich rhyddid yng Nghanan y ffwrneisi.

[*Mae rhai o'r cyfeiriadau at drueni a all fod yn ddieithr. O'r ail bennill i'r pumed*
cyfeirir mewn trefn at Oedipus, Cleopatra, Llywarch Hen, a dioddefaint yr Iddewon
yn Warsaw. Mae adlais o ddwy adnod o Matthew vii, 9-10, yn y pennill olaf:
    "Neu a oes un dyn ohonoch, yr hwn os gofyn ei fab iddo fara, a rydd iddo
garreg?"
    "Ac os gofyn efe bysgodyn, a ddyry efe sarff iddo?"
    Cyfeirir hefyd at Salm 137.]

BRYN CELLI DDU

Ynghanol pridd a cherrig, fel hen gi,
Fe fu angau'n cnoi ar asgwrn
Dair mil o flynyddoedd ym Mryn Celli Ddu.

Hyd oni cheibiwyd yr haul i'r crombil
A rhawio amser oddi ar y sgerbydau,
A noethi'r adleisiau llwyd o gynharwch hil.

Ni chlywyd meidroldeb yn sgyrlwgach
Yn fras, arswydus, gonglog rhwng y meini:
Yn nadansoddi'r tywyllwch aeth odd'no'n ddistaw bach.

A'r rhai a fu'n rhodio Môn, aeth eu hansawdd hwy
Drwy'r pridd, yn wyrdd i'r gwair ac yn loyw i'r dwfr,
Golchwyd eu heinioes gan y glaw, fe yfodd yr haul eu clwy.

Aeth eu bywyd ar ddisberod yn y gwynt,
Aeth ar goll yn yr amser hir
Sy'n ymestyn rhyngom ni a'r hyn oedd gynt.

Eithr yn ein gwaed y mae eu bod
Yn gyfrinach rudd yn sugno trwy ein calonnau,
Yn gwlwm bywyd, yn afael o adnabod.

A phethau mor wael â ninnau
Wrth rym anniben yr angau
Yn gwanu arfogaeth y bedd ag olion ein cyndadau.

[Hen gladdfa ym Môn yw Bryn Celli Ddu. Bernir mai o ddeutu 2000-1500 C.C. yw ei dyddiad. Bu archaeolegwyr yn cloddio yno yn ein canrif ni.]

DAMWAIN

Mae'r gwaed yn goch ar y modur gwyn
Ac Arwyn yn wastraff ar hyd y ffordd.
Ar y metel yn grafion mae darnau o groen;
O gwmpas, picellau gwydyr a gwythiennau,
Rhychau o siwt a chnawd,
Cerrig wal, a'r car arnynt fel sgrech
Wedi'i fferru; aroglau rwber a phetrol.
Ac y mae'r meclin yn llithrig gan einioes.

Rhwygwyd hwn hyd y tar macadam
A'r haearn a'r maen –
Y bachgen byw.
Tywalltwyd y llanc ar y ddaear.
Daeth adnabod i ben yn y deugain llath hyn
Ar ddiwrnod o haul gwanwyn.
Dieithrwyd Arwyn gan angau.

"Clywsom," meddai'r llais, "fod damwain wedi digwydd
        heddiw
Ar y ffordd yn y fan-a'r-fan
Pan aeth cerbyd hwn-a-hwn o'r lle-a'r-lle
I wrthdrawiad â'r clawdd."

Clywsom ninnau hefyd,
A gwelsom.

YN STRATFORD

Yn Stratford mae'r afon yn fudur,
Ond daw'r haul i'w gloywi fel gwydyr,
Ac y mae'r elyrch yno yn hyfrydu'r dyfroedd.

Ffynhonna gwyrdd yn hidl o'r helyg
A myfyrio'n llonydd megis llewyg
Uwch deniadau disglair y dyfroedd.

Rhwng y ddaear a'r dŵr, wedi eu plethu,
Mae'r helyg rhwng aros a deisyfu, a'r egni
Gwyrdd o wreiddiau tynn yn hongian uwch yr afon.

O gangen o helygen
Y llithrodd Ophelia trwy'r gwacter
Sydd rhwng y lan a'r dŵr
I wallgofi disgleiriadau'r haul yn y lli
A sgrialu ei loywder.
A'r afon a'i cymerodd a'i chario
Yn araf, nes iddi foddi a suddo
I'r llaid yn y gwaelod a'r budreddi.
Hithau, hyd hynny, â'i chân yn hyfrydu'r dyfroedd.

[*Cymeriad o'r ddrama* Hamlet *yw* Ophelia. *Fe fu farw'n wallgof: syrthiodd i ddŵr a boddi.*]

NADOLIG 1966

A ddaw'r Nadolig i Ddurham,
A gofir yno'r Oen dinam?

*   *   *   *

"Mae'r bod yn ffeind yn iawn yn ei le
Ond i bobol dalu trethi 'dych chi'n deall, ynte?"

"Adeg busnes ydi dechra' Rhagfyr yma,
'Does 'na ddim lle i'r rhai sydd â'u bryd ar gardota."

"Fel siopwr fy hun mae'n rhaid i mi ddweud
Fod y cyngor yn iawn yn yr hyn maen' nhw'n 'wneud,
Achos unwaith dechreuith peth fel hyn yn y dre'
Fe all o ehangu i wn-i-ddim-ble."

"Oni chredwch chi fod yr amser hwn
Yn adeg i geisio ysgafnu pwn
Y sawl sy'n llwythog, neu'n adeg i roi
I'r noeth a'r newynog?"

"'Does gen i ddim yn erbyn rhoi, nid dyna 'di'r peth,
Ond bod y bobol hyn am asgoi talu'r dreth.
'Rydw i'n ddigon bodlon i bawb fod yn hael
Ond i hynny beidio â bod ar fy nhraul
I."

"Nadolig a busnes – dyna bâr blydi grêt!
Mae rhincian am ewyllys da owt of dêt."

*   *   *   *

Yn y wlad honno,
Liw nos yn y maes, y bugeiliaid:
"Ac wele angel yr Arglwydd
A safodd gerllaw iddynt,

71

A gogoniant yr Arglwydd
A ddisgleiriodd amdanynt."

Yn y wlad honno
Liw nos dan y sêr daeth y doethion:
"Canys gwelsom ei seren Ef
Yn y dwyrain a daethom
I'w addoli Ef."

*   *   *   *

A lathrwyd y byd gan oleuni'r nef?
A ddisgleiriwyd y nos gan ei seren Ef?

Tywyllwch. Ac yn y tywyllwch, hongian.
Yn y tywyllwch, hoelion.
Gwlyb yn y tywyllwch yw'r gwaed.
Gallwn adnabod y lladd.

Ond oni fu felly eni?
Oni fu felly oleuni?

O Fair fam,
A ddaw'r geni,
A ddaw'r goleuni,
A ddaw'r Nadolig i Ddurham?

[Rhaid wrth wybodaeth arbennig yn gefndir i'r gerdd hon. Ar 13 Hydref, 1966, yn y
rhaglen 'Twenty-four Hours', yr oedd eitem lle'r oedd holwr yn gofyn i bobl mewn
dinas arbennig, sef Durham, pam y gwrthodwyd caniatâd i adael siop wag yn ddi-
dreth i gymdeithas ddyngarol er mwyn iddi werthu cardiau. etc. Yr oedd yr elw i fynd
at helpu anffodusion a newynog ein daear.
Atebion fel y rhai a geir yn nechrau'r gerdd a gafwyd.
Enw lle yn unig yw 'Durham' yma, ac nid dweud dim am y fan arbennig honno yw
pwrpas y gerdd. Fe allai fod yn sawl dinas arall, dinas sydd yn ein teimladau ni.]

72

DIN LLIGWY

(Ar ddechrau Mawrth)

Y tu draw y mae'r môr,
Y tu draw y mae'r glas yn treiglo,
Treiglo y tu draw, ar erchwyn y byd.

Y meini hyn.
Yma yn y meini hyn
Y bu cyfannedd,
A mwg yn codi, yn clymu'r nefoedd
Wrth fyd dynion.

Adfeilion byw,
                    adfeilion.
Canrifoedd, cerrig a gwair.
A'r coed fel ofnau'n cymysgu yn erbyn yr awyr,
Yr ynn yn ei gilydd yn clecian.

Pwll o felyn
Deffro'r cennin,
A chylchau'r gwynt yn dyheu hyd y cae.
Petalau o deimladau'n sgleinio
A'u lliwiau ar yr awyr yn sgeintio.

A'r môr ar erchwyn y byd,
Y glas yn treiglo y tu draw,
Y môr y tu draw yn treiglo.

[*Adfeilion pentref Brythonig yn Sir Fôn yw Din Lligwy.*]

CI LLADD DEFAID

Nos, a chloi darn o'r byd mewn distawrwydd.
Lloer, yn llygad blêr, gwythiennog
Wedi'r grafu o benglog y tywyllwch
Yn craffu trwy'i farwolaeth ar y ddaear.
Pell ydyw sylliadau'r sêr. Nos y bydd
Dychrynfeydd hyd y meysydd.

Mae'r mamogiaid yn anesmwyth,
Yn synhwyro'r lloergan am y lleiddiaid.
Gyrr o garnau,
    symudiadau,
Sefydliadau
    ar ddaear ddistaw y nos.
A'r ysfa sy'n torri'r blagur pêr o'r pren
Sy'n isel yn datod greddfau, yn tynnu Mot o'i gadwyn
  ddof
I'r tywyllwch sy'n diferu gan waed.

Cyrff defaid dan welwder y wawr
Yn wlanog waedlyd,
Wedi cyffio'n erchyll
      ac yn feichiog, oer o angau.

Glasu'r gwair ac aros geni'r ŵyn:
Lladd hefyd sy ar gerdded y gwanwyn.

Enw'r Gair

(1972)

DACW'R MÔR

(Ceri a Gwydion yng Nghlarach)

Dacw'r môr yn hisian gwyn
Ar odre'r tywod melyn;
Llawn o helynt yr heli
Yw'r cwch, fel y gweli.

Dacw graig gandryll a bryn,
A hebog mud ar blodyn;
A draw, yn wyn, fe weli
Ddau geffyl yn pori.

Llawn o symud crwn yw pêl,
Igam-ogam yn uchel
Yw barcutan. Diddanwch
Ydyw – aflonyddwch!

Hyd yr hwyr, hyd droi adref,
Hyd yrru'r car am y dref,
Hyd adael olion y dydd
Ar ôl mewn distawrwydd.

Dacw'r lleuad – melyn mawr –
Uwch y traeth sy'n wag yn awr;
Aeth y dydd i lawr i'r môr,
Ond bu, er nad yw rhagor.

DYSGU IAITH

(Darn amhosib o fyfyrdod ar ran babi bach)

Gwlyb, llifo, a gloyw;
Cysylltiedig â sebon:
Y sŵn amdan hwn ydi
DŴR.

Aflonydd, cynnes, coch,
Â gwifrau amdano;
Bendigedig, ond gwaharddedig ydi
TÂN.

Hedeg gwyn glan y môr
A nofio ydi
GWYLAN.

Wedi adnabod gwylan,
Gwylan ddu ydi
BRÂN.

Sws (Help!), efallai, ydi
ANTI.

Cyfarth du, llyfn, ysgwyd cynffon,
Heb fod yn ffrind mawr i'r postmon ydi
TIMI.

MAM ydi MAM.

DEFFRO

O bell byd arall y daw gyda'r bore
Trwy weddillion y tywyllwch
A thrai araf dieithrwch
Wên o adnabod.

Ac yn y llygaid glas pererin
Mae breuddwydion heb lawn ddiffodd:

Mae ceffylau gwyn ar garlam mud
A'u mwng a'u cynffonnau'n gyfrodedd gwyllt
Yn pylu yn y golau;

Mae tractorau disglair a fu'n torri'r nos
Yn crygu i lonyddwch;

Mae lorïau sydd gyda'u teiars mawr
Yn troi'r tywyllwch yn slwtj
Fel y daw y wawr yn ôl
Yn troi yn ansylweddol;

Mae murmuron gloywon dŵr,
Cyhyredd y môr yn ei ddygyfor a'i drai
Yn sychu yn y golau;

Mae dynion siocled a siwgwr
Ac afalau pêr yn troelli'n ôl i gwter neithiwr;

Ac y mae'r ffurfiau distaw hynny
Sydd weithiau'n llusgo'n araf trwy laid du
Y dyfnder,
Y pethau nad oes arnynt enwau –
Y rheini sy'n malu cwsg â chodiad erchyll eu pennau –
Maent hwythau
Yn marw yn y bore.

Daw i dy wyneb adnabod
Y siâp sy'n nofio i'w gyfarwydd-deb uwch dy ben,
Y tedi sy ar droed y gwely'n gorwedd,

Y golau sy'n llawn o gyfannedd.
A daw eisiau diod.
                    Wele
Dod yn ôl fel hyn ydyw bore.

CYRTENS

Yn chwech wythnos oed, fel y gŵyr y cyfarwydd,
Nid ydyw'n rhwydd dod o hyd i ddim yn y byd
Sydd hanner mor ogoneddus â
                    Chyrtens.

Syller ar eu sefydlogrwydd,
Eu lluniaidd berffeithrwydd;
Ymateber i'w ffurfiau llen-gar
A'u hofran llydan myfyrgar;
Ystyrier eu lliw – beth bynnag fo hynny –
O fyny i lawr, ac o'r llawr i fyny;
Ac nac anghofier eu cysylltiadau
Â'r pethau cyntaf, megis t'wllwch a golau:
Gwrthrychau ydynt yn wir yn union a arweinia
Y meddwl yn ddwys i fyfyrio ar Nirfana.

Ond os ydych chwi'n hŷn na'r oedran a nodwyd
A'ch bod wedi'ch marcio â threialon bywyd
Efallai, 'n anffodus, nad ydyw mor rhwydd
I chwi adnabod eu godidowgrwydd
Ac na chanfyddwch chwi ddim trwy holbresennol sens
Ond defnydd yn hongian yn blaen, fel cyrtens.

RHYFEDDODAU

(Lle cyflwynir, ar ei ran, sylwadau mab dengmis wrth iddo ef – a'i dad ysywaeth – wylio tyllu ffordd.)

Hyfryd, yn wir, ydi'r wlad –
Adar a blodau a phethau felly;
Hyfryd, hefyd, ydi moroedd,
Afonydd, a nentydd o ran hynny;
Ac y mae dail yn dra dymunol,
A choed o wahanol fathau,
Planhigion amrywiol,
Heb sôn am wningod yn gwneud campau;
Mae'r rhain i gyd, mae'n ddigon gwir,
Yn hyfryd.

Ond y pethau rhagorol ydi
Tractorau olwynfawr yn pistoneiddio
Ac yn crynu gan egni;
Y gwir ryfeddol ydi
Jesibîs yn sgrytian ar gerrig
Ac yn peri i'r ddaear ddawnsio,
Neu dyrchwr ar ei ben yn y baw
Yn rhawio anawsterau
A swagro'n gordeddau o ddur;
Ac ni all dyn lai na dotio
Ar ddirgeledigaethau drilio –
Yr ergydio ergydion niwmatig,
'Dydi o'n ddim byd llai nag egstatig!
Ac wedyn os am fflatio
Beth am hisian ffyrbwt a neidio
Y fflatiwr awtomatig!

Mae'r wlad yn iawn, 'dw i ddim yn ama',
Ond mae'n llawer gwell gen i yn fan'ma.

GOGI

Dydd Iau, ichwi gael deall, yw diwrnod y 'gogi',
Sef yw hynny – trwy ddatblygiad ieithyddol
Anindewropeaidd –
'Lorri',
Ac at hynny, yn y cyswllt hwn,
'Lorri ludw'.
Ychydig wedi wyth
Bydd meilôrd yn ystwyth
Gan orfoledd,
Yn ebychiadau llygadrwth
O edmygedd,
Yn llond cót o lawenydd.

Ac wele'r behemoth
Yn llywethau ei feteloedd
Wysg ei gefn
Yn treiglo, heb brysuro, drwy'r strydoedd
Ac yn agor dorau ofnadwy ei ben
Am gynnwys buniau,
Gan rygnu yng nghryfder ei wddf
Ac yng ngrym ei grombil.
Mwg a ddaw allan o'i ffroenau,
O blethiadau haearn ei ardderchowgrwydd.
O'i flaen y tywyllwch ymranna
A'r bore sy'n brysio i roi ei draed yn ei 'sgidia,
Ac wrth ei disian ef y tywynna goleuni:
Mewn gair, 'gogi'.

Ffon gyswllt ei forddwydydd wedi llacio?
Gêr y grymusterau'n 'cau cydio?
Echel ôl ei nerth wedi'i sigo?
Nage,
Pynctiar wrth Woolwo'th
Ataliodd foreol rawd y behemoth
Un dydd Iau;
'Roedd ei absenoldeb dirfawr
Yn faich anhraethol hyd y stryd,
Ac i ddywededig berchennog y cót hefyd.

Yn wyneb dagrau a gweiddi
Nid un o'r pethau hawsaf ydi
Esbonio diffyg ar orymdaith y 'gogi',
Ac o flwydd a thrimis o ddiniweidrwydd
Trowyd arna'i guwch nad yw'n rhwydd
Imi mewn un modd ei ddehongli
Ond fel, "Ble mae y blydi lorri?"

YSGOLHAIG

(Yr Ysgol Feithrin: Diwrnod Un)

Ac felly i'w feithrin
I'r ysgol bach yr aeth y dyn.

Cwt Institiwt y gwragedd
Oedd y lle – un digon di-hedd

Â phymtheg yn sgrialu, canu,
Galarnadu yno a malu.

Sglefr ydi dechreuad dysg
I lawr pren o ben pyst.

Wedyn gwisgo het amryliw
A siôl (ai *drag* ydyw?)

A chanu (a'i roi o fel'na)
'Iesu tirion' am yr ucha'

A gwrthod yfed llefrith,
Bwyta bisged a bara-brith.

Â lludded dysg arno
Yn ei ôl y daeth o.

A dyna ddiwedd bora
Y myfyrdod cynta'.

*   *   *   *

Ei nain, i'w gadw rhag
Amlder dysg, a bwrcasodd fag.

I gadw gwybodaeth yn deidi
A'r gwyddorau rhag mynd ar sbri

Cafodd y gŵr ledr a ffelt
Ynghrog dwt wrth ddwy droedfedd o felt.

*   *   *   *

I weld cynnydd y gwybodau,
Gwyddoniaeth a'r technolegau

Ei dad y noson honno
A gymerodd sbec yn ei fag o:

Dau eliffant plastig a chetyn-chwythu-swigod!
Peth fel hyn, felly, ydi ysgolheictod.

*   *   *   *

Ac wedyn y nos a fu
Ac amser i ysgolheigion gysgu.

Yng nghwsg y dysgedig efrydiai y dyn
Ar sglefr, eliffant plastig, het liw, a chetyn.

CROCODEIL AFON MENAI

Diau mai ar rai adegau yn unig,
Yn wir mai ar dymhorau arbennig,
Dyddiau, munudau,
Onid ar eiliadau dethol
Y daw hwn i'r dyfroedd.

Un o'r amserau
Pan oedd y dylanwadau planedol
A'r arwyddion yn ffafriol
I weld Crocodeil Afon Menai
Oedd y pedwerydd-ar-hugain o Fai
Bnawn Sul ym mil-naw-saith-deg
Am bedwar ar biyr Bangor.

Help hefyd i'r weledigaeth
Oedd bod yn ddwy a hanner didymer
Ac ar eich bol yn sbecian rhwng y styllod
I ddirgelwch y dŵr.

Anghenfil cwstad-felyn
Dannedd gwyrdd, a gelyn
Anghymodlon i rieni gwaharddgar,
Ceryddgar, anamyneddgar
Ydi'r fodolaeth ddreng sy dan y styllod
Yn codi fel o fwd yr isymwybod
I dorchi'r dŵr gyda'i gynffon hir
Ac yna i dorri'n lliwiau haul yn y trai.

Eiliad o Fai
Ydi Crocodeil Afon Menai,
Eithr yn gryno a diamau
Daguddiodd ei hun yn fwytáwr tadau.

ROEDD YR HAUL

'Roedd yr haul wedi rhoi sgrwb i'w wyneb yn sbesial,
A'r awyr wedi rhoi hwb i'r cymylau dros riniog y gorwel,
'Roedd yr afon yn troelli
Fel petai penelin wedi bod wrthi yn pwnio,
Efo sheino, ddisgleirdeb iddi;
Yn y deilio tyner 'roedd fflachio gwyrddni
Egni anniffygiol y gwanwyn
Neu, fel petai, olion sbringclinio:
'Roedd y wlad fel pin mewn papur.

Diwrnod i deulu fynd am dro
Drwy lawenydd destlus y byd.

"Edrycha, fy mab,
Yma y bu Llywelyn
Yn ei gaer yn Abergwyngregyn."

"'Dwi ddim eisio."

"Y gog, 'glywi di'r gog?"

"Dwi 'di blino."

"Arhosa rŵan a sbïo
Ar sgleinio pell y môr."

"'Dwi ddim yn leicio."

"Ddim yn leicio! Yli,
Mwynha dy hun y mwnci
Neu mi gicia' i dy din di."

Wedyn rywfodd, 'doedd y lle
Ddim yn hollol fel pin mewn papur,
Nac ychwaith yn lle y gellid
Yn daclus ei roi o dan wydyr.

LETUS LEIDR

(Mewn llyfr sgriblan hogyn bach)

'Cawr mawr yn dwyn letus.'

Gorchwyl anfuddiol
I gawr atebol
Oedd hon, fe allai rhywun dybio,
Ond eto yno yr oedd o
Ar y dudalen gyferbyn
Â'r nodyn eneiniedig
Yn frws o ddyn
Yn ymgeleddu yn ei ddwylo
(Hyd y gellid gweld)
Ryw sgriffiadau gwyrdd
A ddynodai, yn ddiau, yn y dull agraffiadol,
Y letus a ladratâi.

Pa gymhlethdod seicolegol
A fagodd ei archwaeth lysieuol
Yn lle ei fod yn flysig am gig
Fel y mae pob cawr naturiol?

A oedd cyfrinach yn ei achau
A esboniai ryfedded ei gynheddfau,
Rhyw ymyrraeth enetig
A eglurai pam yr oedd mor enwedig
O apathetig at gig?

Seithug gwestiynau, ofer ddyfaliadau;
'Does dim y tu hwnt i'r dudalen wen,
Dim stwnna yma ag estyniadau
At yr hyn a ddyluniwyd
Ac a ddodwyd yn drafferthus
Ond yn derfynol i lawr:
'Cawr mawr yn dwyn letus.'

BUWCH

Un peth ydi buwch mewn llun
Yn rhan o'r tawelwch gwyrdd
Dan las destlus yr awyr
Yn ddisymud yn y borfa am byth;
Peth arall ydi mynd –
        yn dair anturiaethol
A chyda chyfarwyddyd ac arweiniad
Rhai yr ydych wedi gwneud iddynt
Eich dygn ddeisyfiad i weld buwch yn y cnawd
Yn hewian o amlwg –
        i olwg y cyfryw greadur.

Dynesu at dywyllwch trwm y beudy,
Clywed sŵn chwythu a chnoi ac aerwy
Ac, o gael eich codi, craffu dros waelod drws
Drwy'r aroglau
A darganfod yn y düwch
Enfawredd yn ymffurfio –
Llwythau o ffolennau, a phen,
A chyrn yn breichio ohono'n ofnadwy.

Yna'r anferthwch yn troi yn hy
A bod mor anfoesgar â BREFU
Nes bod y byd yn cracio.
A chwithau, er gwaethaf eich dewrder
Cynhenid, a'ch cryfder, a'ch menter
Yn cael eich gorfodi yn swta
I angerddol ddolefain,
"O'ma!"

Ie'n en' duwch
Rhyw brofiad digon bethma ydi
Buwch.

DEINOSAWRI

Y mae, yn Amgueddfa Hanes Naturiaethol America,
Hen, hen helfa –
Cant ac ugain o filiynau o flynyddoedd o
Hen.
Mae olion tunelli o ymlid
Mewn hafnau traed mewn cerrig,
Ond oer heddiw ydi'r ofnau brontosawraidd,
Oer a hen.

      Yn gawraidd
O'r dŵr i'r dydd gwyrdd
A greai'r haul o'r goedwig,
Yn styffîg ei symud, y daeth y deinosawrws
I bori'r dail. Mor addfwyn â buwch
Er daeargryn ei gerddediad –
Brontosawrws.

Alosawrws oedd y peth arall
A rychodd y ddaear yn yr henaint hwnnw
Â'i grafangau,
Ei ben yn hollt o angau
A'i gorff yn gyhyrau gorfawr,
A'r cwbwl ohono'n un ysfa gig.

Dyna'r heliwr a'r hyn sy'n cael ei hela.
Y dŵr – a drymlwythodd brontosawrws y dŵr
Â'i gorff a'i gael ei hun yn ngolchion y diogelwch?
Yr ymlid hen, anorffen, dyna'n unig
A ddengys olion oer y cerrig.

Mathau o deinosawri oedd y brontosawrws a'r alosawrws.

88

CRWBAN

Na thwyller chwi gan y gwir anrhydeddus frawd
Sy'n swilio ac yn cilio,
Yn llyncu ei ben ond i chwi sbïo arno
Ac yn swatio fel cwsg o fewn ei gragen
Yn ei groen sy fel hen gabatjien:
Y mae ynddo ddeunydd bollten.

Gwir ei fod o, os byddwch chwi'n gwylio,
Yn symud fel stôl haearn hyd yr ardd,
Ond cogio bach y mae o, cymryd arno.

Fel dyn sy'n byw y drws nesaf ond un
At berchennog un o'r brodyr hyn,
Ac fel un a fu'n edmygus fugeilio
Corlanaid fechan o letus, o'u hau
Nes iddynt dyfu a chlapio,
Fe wn yn wahanol.
Mae crwban yn sgut am letusan.

Adfyd, un dydd, ydoedd dyfod
Ac yn y gornel ddarganfod
Tair letus o galon yn raflins yfflon
A hwn fel hawddamor yn arafu i wenu
Fel artist yn letusia.

Cydio, cario
I lawr yr ardd gefn
Heibio talcen y tŷ,
Martjio hyd y ffrynt
Trwy'r giât ac ar hyd y palmant,
Troi trwy giât eto
Martjio hyd y ffrynt
Heibio talcen tŷ
I lawr gardd gefn,
Taro crwban yn ei gwt
A dychwelyd dan fflamio.

Ond atolwg, pwy oedd yno
Yn y gornel sancteiddiolaf,
Letuseiddiaf o'r ardd
Yn drilio drwy'r dail ac yn eu llowcio
Ond efô.

Yn ôl Esop curo
A wnaeth y crwban rywdro
Mewn gornest ag ysgyfarnog
Oherwydd ar ganol y rasio,
Meddai fo, i honno gysgu. Cysgu!
Petai'r hirglust druan wedi'i rhocedu
O'i thin yng Nghape Kennedy
'Ddaliasai hi byth bythoedd mo Henri.

PTERODACTYL

Ambarél dychrynllyd yn fflïo –
Rhywbeth yn debyg i hynny oedd o:
Pterodactyl.

JIRÁFF

Rywbryd, heb fod ymhell o'r dechreuad
(Ac yntau ddim yn un afrad),
    Daeth Duw o hyd
       i
    HYD
O rywbeth na wyddai O ddim yn y byd
Mawr beth i'w wneud ag o,
Rhyw estynedigaeth anhywaith
Na weddai i du nôl, ac nad oedd ychwaith
Yn rhyw or-deidi dan drwyn,
Dros ben, na than draed.

Ac yna fe gaed, a dweud y gwir,
Ystyriaeth go hir ar union swyddogaeth
Y telpyn afrosgo cyn gallu gwneud dim ohono.

Ac yna fe'i gwelodd O hi,
"Mi fuasai hwn yn ddi-ail
At gyrraedd y dail –
Gan fy mod I wedi gwneud coed."

Ac yn ddi-oed dyma wneud gwddw
O'r hyd rhyfeddol hwnnw,
A gwneuthur yn gymesur
Goesau ac aelodau eraill
Yn graff ac yn ddiwastraff
A galw'r cyfanswm yn, Jiráff.

PWTYN

Petai'n rhaid cael enw
       prin mai Pwtyn
    fyddai hwnnw
Ar gymaint o din, cymaint o fol, a chymaint o ben
        â hyn.
Ond pwtyn o eliffant ydi o wedyn.

Twmpath o gyhyredd aruthrol
Yn trymblan ar hyd ei gorlan
A'i groen dan eich dwylo fel palff anhydyn
O hen gortyn gwydyn,
           llwyd, rhychiog;
Ond blew ei amrannau
Yn union fel 'tasai o
Wedi bod wrthi hi'n fwya' genethig
Yn eu diwygio.
Biti iddo fo anghofio
Y gellir dinistrio cyffyrddiadau mor gymen
Ag aroglau tail digon cry' i'ch handwyo.

Ynddo, rywsut, y mae henaint
A hogyn wedi'u croesi;
Mae ynddo ryw ddireidi troetrwm
A nerth sy'n peri
Bod yn rhaid ei amgylchu
Â grym anhyblyg haearn,
Oherwydd y tu ôl i lygaid Pwtyn –
Yn y pen lle mae henaint ei hil –
Y mae'r hyn na all undyn
Ei ddofi, na'i ddal, na'i reoli.

PARROT

Aderyn a hwnnw wedi bod
Yn baglu trwy botiau o baent
Nes bod ei liw mor llachar â'i leferydd –
Sgrech goch, gwawch las,
Galanas o waedd werdd ferwinol,
Heblaw rhegi tecnicylyr a rhwygo.
Rhyw ffrwydrad paletaidd o ffowlyn,
Ffenest liw o brepyn
A'r haul mawr, melyn
Yn ceisio dengid ohono
Trwy baenau llawen ei blu.

BYTHEIAD (GWAETGI)

Hamlet yr holl ymlidwyr
A'r felan yn hongian hyd ei wedd,
Neu un a welodd ormodedd o nosweithiau hwyr –
Gnawd gwedi llyn, lledfrydedd.*
Daw gyda'i wyneb llipa,
Sbïa'n brudd, fflopia'i bawennau
Hyd y llawr, fel petai ei fyd wedi sigo.

Ond wedyn dacw fo'n hela,
Yn olrhain trywydd
A'i anobaith yn newid,
Ei fugunad yn glychau'r llechweddau
A'i lawenydd yn oleuni'r mynydd-dir –
Tywysog yr helfa yn wir. Yn wir,
Hamlet yr holl ymlidwyr.

*Hen ddywediad: Ar ôl diota daw tristwch y 'bore wedyn'.

GLÖYN BYW

Blodyn byw,
Lliw igam-ogam
Yn hedfan
Heb siw na miw; fflam o fudandod yn
Palfalu, plufio;
Esmwythyd ar symud,
Stopio.
       Cau.
Pili pala wedyn yn
Tawelu trwy'r awyr,
Yn amlhau'r distawrwydd, ei amliwio
Ac yna'n mynd heibio
Ar bowdwr porffor ei adenydd.

GLAS Y DORLAN

Awst yn llwyd fel siom
Yn cau o'r awyr arnom
A'r wlad yn diferyd.

Ar ddarn o dir ger aber,
Uwch cyffro danheddog y graig a'r dŵr,
O goeden alarus
Tryfrith byw o las distaw,
Pistyll lliw drwy'r llygad
I janglo'r ymennydd;
Dim wedyn.

       Aderyn.

Ac o gefn y cof daeth enw
Ar y symudiad mud hwnnw:
Uwch y dwndwr i dorri
Drwy lwydni'r dydd daethai cryman
Asbri Glas y Dorlan.

POWLEN BYSGOD

Os ydi'ch meddwl chi'n dryblith
Fel pentwr o frigau,
Neu fod ynoch gwlwm o boenau
Fel pelen o weiren bigog
Edrychwch ar bowlen bysgod
Er mwyn ichi weld llonyddwch yno fel llun.
Trwy'r gwydyr a thrwy'r dŵr
Dacw ddau ddarn aur o dawelwch
Yn asgellu a chynffoni eu ffordd
Yn araf yng nghwmpas eu tangnefedd.

Fel gweddïau adeg ffydd
Yng ngwacter oer eglwysydd
Hirddydd haf.

Fel blodau o feddyliau,
Addfwynau yn nofio.

Fèl breuddwydion pêr,
Neu awelon yn nistawrwydd y dŵr.

'Fel' a ddyry dawelwch;
Ond nac arhoswch yno yn rhy hir
Rhag i'w 'sgarthion ddifwyno'r bowlen glir.

CATH

Gellwch weld iasau o fwynhad
Yng nghloi araf ei llygad
A theimlo, wrth ei gweld yn y gwres,
Fel symud o'r naill du i'ch brenhines.

Cyngor: Byddwch mor hy
Â rhoddi i meiledi
Gic go sownd yn ei thin
I geisio'ch argyhoeddi eich hun
Mai chwi ydi meistr y tŷ.

GWYLANOD

Gwynderau'n gylchau mewn goleuni,
Olwynion o amlderau disglair,
Cadwynau araf yn dal yr heulwen
Neu
Blu eira'n troi
Uwchben y domen.

Glanio ar garthion bywyd dinas
Gan dorri o droell y modrwyau mawr, gwyn
Fesul un, ac wedyn codi.
Pigo, ysglyfio budreddi –
Pentyrrau lludw, papurau, crwyn tatws,
Tuniau samon, ffa, tomatos,
Cig wedi dechrau cynrhoni,
Marwolaeth lwyd, lygadog grefi –
Ysglyfio, ac wedyn codi.

Codi i ddolennau'r purdeb,
Y torchau amlwyn troellog
Yng ngwregys disglair yr heulwen:
Gwylanod mewn goleuni.

CEFFYLAU

Yn sydyn yr oedd yno ffurfiau:
Pennau'n loywon o lygadau
Lamodd o'r tywyllwch dieithr,
O'r nos i olau'r lampau.

Breciodd yr ugeinfed ganrif
Ac yn y mwng blêr o'n blaenau
Yr oedd darnau o'r gorffennol
Yn syllu'n ddisglair arnom.

Gweryru a chwythu ffroenau,
Coesau'n dryfrith o ddychryn;
Gwasgaru wedyn. Ac ar ôl i'r carnau
Beidio â dyrnu'r tywyllwch: tawelwch.

Ar ôl i nerfau'r gweld
Beidio â gwingo gan atgo' cyffro
Y ffurfiau a ddaeth i'n hwynebau
Fel dwrn, 'roedd y golau yn llawn o lonyddwch.

Rhoddi'r gêr yn ei gyswllt a symud
Ar ffordd oedd yn dirwyn hyd wyneb y byd
Mewn nos eang lle datglymwyd amser
A'i ollwng ar grwydr dychrynllyd.

MORLO

Bore gwyn yn Abergwaun,
Ac o graig oedd yn gorwedd ar rym yr eigion,
Yn gadernid yn y nerth gwyrdd
A droellai, a dynnai yn y dyfnder
Yn hafaidd, yn arafaidd,
Gweld trwy'r dŵr yn rhyfedd
Sglein du o ben gwlyb
A hwnnw'n sbïo, astudio,
A chwilfrydedd yn goleuo ei lygaid.
Yna sylweddolodd, mae'n rhaid,
Mai dim ond dyn oedd ar y graig.
Dychwelodd i'r dwfn, diflannodd.
Ond am un ennyd syn
Yr oedd cip ar gytgord y cread
Yn Abergwaun un bore gwyn.

CUDYLL

Ddim yn fawr ond, er hynny, yn ddinas –
Bangor, ar un o'i gororau
Lle y mae céir a thai a chyfleusterau modern,
Yn dai bâch carthffosog, yn ddŵr a nwy pibellog,
A thrydan gwifrennog;
A lle y mae dynion;
Yno, am dri un prynhawn,
Ar ei wib y glaniodd cudyll,
Yn ennyd o'r gwyllt, ar ffens yr ardd gefn.
Gwrhydri ei drem,
Trahauster ei osgo,
Syndod ei ardderchowgrwydd:
Ac yna'r gwag lle bu o,
Ei absenoldeb ar nerfau'r gweld.

Trwy ffenest ein gwareiddiad
Edrychais ar ddarn o fywyd yn mynd heibio.

Y Pethau Diwethaf a Phethau Eraill
(1975)

MEICROSGOP

Agor y byd â gwydrau,
Dangos cerdded, anorffwys ac ysu;
Gweld y tu draw i lonyddwch.

Dieithrwch.

Cynydda hwn fodolaeth y pethau bach,
Ac ar freuder mae'n magu arfogaeth;
O eiddilwch crea egrwch
A grymuso'r organau gwan.

Trawsffurfia'r lindys yn brysurdeb o darianau
A pheri bod ei thorr fel byddin, yn fyw o gerdded:
Dilea hi'r dail â pheiriannau ei phen.

Datblyga'r sioncyn gwair yn gymhlethdod –
Cymalau coesau, coesau'n gymalau;
Coesau'n gymalau, cymalau coesau:
    Artaith haearn.

Llam o brifio ar bryfyn.
Â'n rhwyllwaith aneirif y llygadau,
Metaleiddia'i gorff yn ddu, yn haenau
    Gwydyr a dur.

Y tu draw i lonyddwch –
Caledwch:
Y byd, dan ei wyneb –
Gerwindeb.

COLOFN GOFIDIAU

(Sef colofn megis y rhai a geir mewn cylchgronau merched.)

Annwyl hon-a-hon, mae'n siŵr,
Ydyw dechrau eu gofidiau.

"Joni ydi 'nghariad.
Mae o braidd yn hy,
Er hyn rydw i yn ei garu.
Dwedwch i mi, a ydi o'n beth anllad
I ganiatáu iddo fo roi
Ei law, yn dyner, dan fy nillad?"

Ateb: "Ymataliwch,
        Hyd nes priodwch."

"Dyn ydw i. A ydyw'n iawn
I mi sgrifennu atoch?
Rwy'n hoff o ferch sydd yn yr offis
Ond mae gen i broblem. Plîs
Be wna i?
Mae aroglau chwys arni,
Ac y mae'r genod yn y cantîn
O hyd ac o hyd yn chwerthin
Am ei phen hi
Heb esbonio iddi pam."

Ateb: "O bellter arbennig
        Awgrymwch yn garedig
        Nad oes diben i ymbeintio
        Cyn, i ddechrau, ddiheintio."

"Rwy'n un ar bymtheg y tro nesa,
Ac rwy'n caru hogyn yn stryd ni.
Ond nid yw e'n fy ngharu i.
Pam?"

Ateb: "Arhoswch,
        Ac fe dyfwch."

"Mae'r gŵr rwy'n ei garu
Yn pellhau. Gwelais olion

100

Nad ydi o'n ffyddlon.
Mae 'mywyd i'n deilchion."

Ateb: "Cyn meddwl ei fod yn anffyddlon,
Mynnwch brofion."

"Deunaw ydw i, a 'dydi mam ddim yn dallt.
Mae hi'n 'cau gadael i mi lifo fy ngwallt.
Roedd hi'n geg i gyd pan ddois i adra
Wedi prynu sgert dim ond dipyn bach yn gwta.
Rhaid i mi fynd i'r tŷ bach os ydw i eisio smôc –
Rydw i yno mor amal
Nes bod Jac 'y mrawd yn hollol wamal
Ac yn trin y peth fel ufflwn o jôc.
Ond TRASIEDI
Ydi bywyd tŷ ni!
Ac, o ie, hyn oeddwn i am ddweud:
'Dydi mam yn hidio dim am Gregori!
Y fo, i mi esbonio, ydi'n hogyn i.
Mae hi'n dal ei fod o'n lwmpyn di-ddim,
Drwg, ac nad ydi o byth yn molchi.
Pethau fel hyn y mae mam yn eu dweud.
Be' fedr rhywun fel fi ei wneud?"

Ateb: "Peidio â gwneud dim byd gwirion.
        Goddefwch farn eich mam am ddynion."

Ateb i S.O. o Riwbeina:
"Amgaeaf bamffled yma."

Ateb i M.R. o Inverness:
"Yr ydych chi, yn wir, mewn *mess.*"

"Rwy'n fam a heb ŵr.
Rhois fy mabi i'w fagu,
A rŵan mae hiraeth amdano'n fy nhagu.
Mae ei ôl o ar fy nghalon.
Pam y creodd Duw ddynion?"

Ateb: " 'Wn i ddim.

        'Wn i ddim?

        'Wn i ddim."

COEDEN NADOLIG

Rhaid i ddynion wrth lawenydd,
Llawenydd fel goleuadau a lliwiau
Wedi'u clymu am goeden Nadolig;
Mae digon o hirlwm mewn bywyd.

Dagrau. Sut y mae cadw rhag dagrau
Ryw gongol ynghanol ein byw?
Onid â dydd o lawenydd
Ffit i eni mab Duw?

Fel bod rhyw lygedyn ryfedda'
Yn torri trwy asgwrn y byd
Fel llun o ryw hen ddymuniadau
Sydd rywle 'nghalon dynion o hyd.

Ynghanol byd lle mae'n bosib i blentyn
Fel hen ambarél gael ei gau gan newyn,
Lle mae gwaed byw ar y strydoedd,
Lle mae casineb fel peirianwaith
Yn hel bywyd yn sbwriel yn domennydd,
Fel coeden Nadolig y mae pren sydd yn tyfu
Yn frith o oleuni, a'i liw fel llawenydd.

Y PETHAU DIWETHAF

(Gwraig ifanc a ddioddefai o gancr ac a gipiwyd, yn y diwedd, o ganol ei phethau i ysbyty i farw.)

Ar yr arddwrn yr oriawr
Yn oer yn tician, tician
Fel pe na bai tragwyddoldeb.

Y cancr a fu, fel brân ddu
Ynddi yn ysglyfaethu,
Yn pigo ei heinioes ohoni.

Yn y tŷ mewn tun
Y mae teisen, yn gyfan
Ond am un sleisen.

Mae'r gwely heb ei gweirio
Ac ôl ei chorff hi ynddo,
Hynny a'i hen dedi, Bruno.

Dillad ac ynddynt olion bodolaeth
Yn hongian yn drwm fel hiraeth:
Sgertiau, ffrogiau, marwolaeth.

Nodyn i'r gŵr: "Y dyn llefrith,
Cofio talu, prês cwpwrdd,
Y drôr ar y chwith."

Yn wyneb y pethau hyn
Ac wrth weld ei gŵr curiedig
Mae pobol yn cael eu bod
Yn gorfod teimlo'n garedig.

Ac ynghanol yr holl drwbwl
Mae dyn yn ei gael ei hun yn meddwl
A fu i fywyd gancro
Ynteu rywsut, rywfodd, goncro.

MARWNAD FY NGHEFNDER,
WILLIAM EMRYS WILLIAMS

Ar hanner dydd dros y ffôn
Daeth y newydd am bŵl ar y galon.

Pan ganodd y gloch
Roedd hi fel ofn yn groch
Oherwydd o ymylon anwybod -
Cyn codi'r ffôn - daeth rhagwybod
Mai neges am William ydoedd.
Ac felly yr oedd.

Ychydig dros awr wedyn
Canodd ail gloch y terfyn.

Wrth fwrdd cinio'r Sadwrn hwnnw
Bu'n rhaid ceisio esbonio marw,
Ceisio dweud beth ydi-o.

Mynd o'r naill du i guddio dagrau
Rhag taflu i wynebau'r hogiau
Greulondeb angau,
A dod yn ôl i ddannedd cwestiynau.

"Yncl William,
Ydi o wedi cael coes bren rŵan?"
Fe dorrwyd ei goes
I geisio arbed ei einioes.
          "Fydd arno ddim o'i heisio."

"Gawn ni fynd i'w weld o?"
          "Ddim yno. Wedi marw.
          Mae o wedi marw."

"Ble mae o?"
          "Ymhell."

104

"Wedi mynd at Iesu Grist?
Wedi mynd i'r awyr?"
          "Wedi mynd yno."

"A'r esgyrn yn y ddaear.
A! Ysbryd ydi-o!
Dyna ydi-o?"
          "Ysbryd. Ie."
"Dydi ysbryd byth yn brifo
Yn nac'di?"
          "Nac'di."

Distawrwydd. Pigo bwyta.

"Mae'r sosejis 'ma'n dda." Saib. Yna eto,
"Pam nad ydyn nhw ddim yn syrthio?"
          "Ddim yn syrthio? Pwy?"
"Y bobol 'ma yn yr awyr.
Pam nad ydyn nhw'n syrthio o'no?"
          "Dwn 'im." Hwy'n bwyta eto.

"'Chawn ni ddim mynd i'w dŷ fo felly,
Achos 'tasan ni'n curo ar y drws
Pobol ddiarth fasa yno."
          "Dyna fo."

Dyna fo.
Ddim yno.
Daear arno.
Ddim yno,
Ddim yma;
Ddim yn unlla,
Ddim yn unlla yn y bywyd hwn
Byth eto.
Byth eto.
Byth mwy.

NOS O DACHWEDD

Mae'r goleuadau'n wlyb ar hyd y ffyrdd
A'r tywyllwch yn diferyd oddi ar y coed:
 Yr haf a basiodd heibio.

Uwchben, yn bentwr, mae'r düwch
A'r awyr fel llenni wedi'u gollwng:
 Yr haf a basiodd heibio.

Dilewyd gan amser arwyddion yr heulwen;
Yn y nos mae'r disgleiriadau ar goll:
 Yr haf a basiodd heibio.

Mae'r byd fel dwrn wedi'i gau
A'r oerfel yn wyn yn ei figyrnau:
 Yr haf a basiodd heibio.

Ond mewn tai mae goleuadau,
Yn hen haf yn y ffenestri;
Yn rhwyll yr haearn yn y gratiau
Y mae melyn a chochni
Egni hen yr heulwen;
Ac yn llygad y teledydd
Y mae eliffant wedi'i grasu'n rhychau
Ar ei gefn mewn dŵr lleidiog yn chwarae
Dan olwg di-baid rhyw haf.

Yn dameidiau trwy dywyllwch,
Trwy fwrllwch yn llewyrchiadau
 mae
 Yr haf na phasia heibio.

GORAU PWYLL: PWYLLGORAU

Agenda'n duo gwynder
Tudalennau,
    dalennau,
       dalennau.
Heb ball, gwŷr mewn pwyllgorau
Yn dadlau,
    dadlau;
A gwragedd yn gryg
O drafod hyd ryfyg
Eu hiawnderau,
    eu hawliau
Hwy eu hunain, fel rhyw ar wahân,
Ac yn y blaen, blaen, bla.

Duw a ŵyr mai diau
Gorau pwyll, pwyllgorau.

Unrhyw Fater Arall:
"Meistr (neu Madam) Cadeirydd,
Efallai i rai o'r aelodau
Sylwi ar or-sêl
Rhai o'r cyfeillion yn ein parti ni'r Nadolig
I lenwi eu boliau â chig.
O ganlyniad cafodd rhai (heb enwi neb) eu gadael
Heb ddim o gwbwl o'r ham
A hwythau wedi talu am-
dano'n union yr un fath â'r rhai
Oedd yn cythru fel eirth ar y blaen."

    Y cread, dyfnjwn y gwacter,
    A'r ehangder hir uwchben,
    Y lloer yn cerdded y canrifoedd.
    Dan olygon hen a phell y sêr
    Pa beth yw dyn ond gwellt a gwêr?

"Ond, wedyn, go dam,
Oes 'na unrhyw reswm paham
Na ddylwn i gael fy siâr o'r ham?"

107

MAE'N HI'N ANODD

Mae hi'n anodd weithiau
Peidio â gweld yn ein dyddiau
Ddatodiad yr amserau
A throi, fel Morgan Llwyd,
I ddisgwyl diwedd bywyd
A bodolaeth dyn yn y byd.

Codwch eich papurau newydd,
Neu edrychwch ar sgrîn eich teledydd
A bydd yn gamp ichwi gadw eich ffydd.
Trwy'r print daw erchyllterau,
Trwy'r sgrîn daw dychryniadau
Sydd fel tynnu enaid dyn i'r golau.

Clywch hanes baban marw.
Daeth ei fam a'i dad i'r tŷ'n llawn cwrw
A chael y bach yn cadw twrw,
Yn sgrechian yn ei grud.
Trawyd ei ben nes oedd o'n waedlyd, fud,
A diddymwyd y dwyflwydd hwn o'r byd.

Digwyddiad. Ie digwyddiad, mi wn,
Ond digwyddiad enbyd ydi hwn
Sy'n noethi'n hoes a dangos mor llwm
O gariad, mor llawn o gas,
Mor gïaidd echrys, llawn galanas
Ydi dynion; mor ddi-dduw, ddi-ras.

Fe wêl y rhai 'wŷr am gyfnod Llwyd
Arwyddion o'r rhethreg wyllt honno a gwyd
O hir fyfyr, hir dristáu uwchben y nwyd
O anghariad sy'n hyrddio o fewn dyn,
Sy fel ffynnon dywyll o'm mewn i fy hun,
Sy'n troi llofruddio baban yn llun.

Tawelu. Ystyried. Bu fel hyn o'r blaen.
Mae rhieni 'offrymodd blant, dyna'r gwir plaen,
I luniau eu nwydau eu hunain mewn maen.

Yn y fagddu o ddinistr mae yna rywbeth gobeithiol
Wrth feddwl fod cariad, yn ôl y profiad Cristnogol,
Fel dail tafol, yn gwbwl, yn hollol anorchfygol.

Nodyn: *Yn yr ail ganrif ar bymtheg yr oedd Morgan Llwyd, yr ysgrifennwr Cymraeg, yn byw. Credai fod diwedd y byd wrth law yn ei gyfnod ef.*

YN YR HWYR

Yn yr hwyr daw hen adar o ystyriaethau
I glwydo yng nghanghennau'r ymennydd;
Clywaf glecian duon eu hadennydd fel y deuant
    I'r coed ar derfyn dydd.

Yn yr hwyr ar yr awyr gwelir brigau
Yn torri'n ddu fel sgriffiadau a'r nos
O'r dyfnder yn dringo, o ffos y pethau cudd
    I'r ymennydd i aros.

Yn yr hwyr peidia'r haul, mae'r byd hwn ar drai,
Diffodda ein teulu, ein pethau a'n tai, a llacio
Wna gafael y dydd. Clywn y dyfnder yn plycio a'r gwymon
    Tragwyddol yn siglo.

Yn yr hwyr y daw'r sêr, yn yr hwyr y daw'r lloer –
Encilion o oleuni oer – ac ehangrwydd
Enbyd y gwacterau fel mwgwd ymennydd. Felly y mae
    Ar derfyn dydd.

GRÊT EFO HET

(Ar ôl gweld hysbyseb ar y teledydd yn argymell gwisgo helmet moto beic.)

Trwy'r awyr, helmet
                ac ynddi ben;
Trwy'r awyr, hefyd,
                foto-beic,
A'r cyfan fel cymalau o wylan
Yn hwylio'n awelog i'r gwrych.

Hysbyseb:
HEB BEN, MAE'N AMEN;
MAE BYWYD YN GRÊT EFO HET.

A dacw'r dyn yn ei godi ei hun,
A'i helmet, o gymhlethdod y berth
Yn fyw, foddhaus.

Yn drahaus y troes Ned ei wefus
I wfftio byw bach sidêt
Y pen oedd mewn helmet.
Gwell ganddo oedd teimlo
Cyflymder yn sgrytian trwyddo
A'r gwynt yn ystumio ei groen
Ac yn ei wallt yn stryffaglio.
A gwybod fod y genod yn gyffro.

Ond pan aeth ei ben o'n slwtj
'Doedd y wal ddim yn malio
Am degwch ei bryd na hyd ei wallt o.

Gwrthwyneb i hyn
Fu hanes dyfeisydd yr hysbyseb:
Yn helmet loyw ei foelni
Gyda'i ddannedd mewn gwydyr yn gwmpeini
Treuliodd ei flwyddyn olaf o gyfres o bedwar ugain yn syllu
Ar wal a ffenestri
Mewn cartref dethol, cyfforddus
I hen bobol.

PAM Y CREODD DUW GROCROTJIS

Pam y creodd Duw grocrotjis?
Anghynnes o bethau du
Yn ysu drwy ei gilydd
Yn y gwres trwm yn y nos
A iasau eu presenoldeb
Yn gwefreiddio'r carped,
Fel ofn yn fyw o'n blaenau.
Aflwydd;
Un o ofer greadigaethau'r Arglwydd.
Gwrandewch gyda phleser
Ar eu heinioes yn clecian ohonynt
Wrth ichwi sathru eu bodolaeth ddiffaith
I goncrit, a mwynhewch hisian
Fflamau eu difodiant.
Llygredigaethau.

Ar ei ben ei hun mewn cell –
Carcharor politicaidd, rywle o dan wareiddiad
Yr ugeinfed ganrif, ac unigrwydd
Yn cordeddu amdano'n braff fel sarff
Nes bod ei gredo'n dechrau troi'n rhyfedd iddo
A'r gwir yn dechrau dieithrio,
Mewn cell ar ei ben ei hun.

A dyma grocrotjan yn dangos ei thrwyn,
Yn cerdded y lloriau a'r waliau
Ac yn addfwyno'r unigrwydd,
Yn codi cyfathrach mewn enbydrwydd,
Yn creu cyfeillach,
Yn gwareiddio'r ofnadwyaeth
Ac yn ailddyneiddio'r cread â rhywbeth tebyg i gariad.

Ffrind go ód!
Ond mae ffyrdd yr Arglwydd yn hynod
A 'wyddoch chi ddim, ond efallai mai am
Ryw reswm fel hyn y rhoddwyd bod i'r rhain
Ac mai dyna paham
Y creodd Duw grocrotjis.

RHYW YW

Rhyw yw,
I hogyn pymtheg,
Cyfarfod gwraig hudolus, deg
A ddywed,
       heb ragymadroddi:
"Hei lyfli
Tyrd i'r gwely."

Rhyw yw,
I wryw,
Bronnau cynhyrfus yn bownsio,
Cluniau'n disgleirio,
Tin yn siglo:
I fenyw mae'r gogoniannau'n wahanol
Ond yn berffaith gyfatebol.
Ac, wrth gwrs, i wryw a benyw mae'n ofynnol
Mai coron y gweithgarwch corfforol
Yw orgasmau cyfamserol.

Rhyw yw
Ych-a-fi
A budreddi,
Slwt, sglyfaeth, mochyn, ci;
Yn wir, y mae'n drueni –
Fel y rhaid o gyrchu'r geudy.

Rhyw yw
Sancteiddrwydd!
Dwyfoldeb y corff!!
Haleliwia heb ddim trowsus!!!
A blys sy'n fetaffusegol.

Rhyw yw
Plant yn llwm, llwyd hyd strydoedd,
Yn byw ar frechdanau-sgleis a the claear
A'u mamau yn hel dynion.

Rhyw yw

Symbolau:
Polion telegraff ac ogofâu,
Olwynion a cheffylau.
A beth am amwysedd nwydus
Cacen jam a thun pys!

Rhyw yw
Llenyddiaeth
Ddewisol ei geiriau
A'i disgrifiadau
O barau
        (fwy neu lai)
Mewn gwlâu
        neu gaeau
                neu unrhyw fannau
Cyfleus at yr Achlysur,
Llenyddiaeth a amddiffynnir
Gan res o barchusion a beirniaid llên
Mewn geiriau o bymtheg llythyren.

Rhyw yw
Arwriaeth y dyddiau diweddar –
Dioddef (efo prif lythyren), bod yn Ferthyron
Mewn Amryfal Wiw Achosion,
Megis yr Hawl i ddyn gael ymddangos ar lwyfan
I gyhwfan, yn gyhoeddus, ei bidlan.

Rhyw yw
Angen a rhoddi.

Rhyw yw . . .

ARWR: UGEINFED GANRIF

Yn y bore oer, glas yn yr iard goncrit
Yn erbyn mur a atgyfnerthwyd i'r pwrpas
Gosodwyd gŵr i gael ei stribedu gan fwledi.
Dilewyd Rhif 37641, gelyn y wladwriaeth.
Llaciodd y corff tua'r llawr a chliriwyd y gweddillion.

Ond 'does yna neb yn gwybod.
'Welwyd mo'r wyneb ar y teledydd
Nac ar dudalennau'r un papur newydd
Oherwydd
Yn y fan a'r lle roedd ei achos yn un amhoblogaidd.

Safodd dros hawl y du, dyweder, mewn man gwyn;
Safodd dros esgymun carpiog mewn cymdeithas freintiedig;
Safodd dros Iddewon ar amser gwrthsemitig;
Safodd dros hawl iaith ddirmygedig;
Safodd dros gredo mewn gwlad heb gred;
Safodd dros ryddid mewn gwlad oedd yn garchar;
Safodd dros gariad ynghanol casineb;
Safodd dros Grist, neu dros Lenin.
Syrthiodd wedyn,
                        ond 'does yna neb yn gwybod.

Mae'r byd yn byw o fewn darnau ei weledigaeth;
A'r tu mewn i fwyafrif saff mewn gwladwriaeth
Mae anwybod yn magu.

Ac yn yr anwybod hwnnw y mae'r heddlu cudd,
Y goleuadau llachar sy'n sgrwbio'r ymennydd,
Y stafell arteithio a'r sgrechian i'r waliau mud,
Yr ymweliadau yn y nos.
A'r tu ôl i'r symudiadau swyddogol
Mae'r bobol, mae'r byd yn an-ymwybodol.

Sawl un a fu yn ei holi ei hun
Yn nannedd y nos ddiderfyn
Ac wrth deimlo angau yn llanw ynddo
Ai ofer fu ei farw?

'Does yna neb yn gwybod.

CÔR MEIBION

Dod at ei gilydd –
Chwarelwyr, glowyr, siopwyr,
Dynion y diwydiannau newydd, rhai athrawon –
Dynion yn rhengoedd
A'r gwahaniaethau'n plethu'n gân,
Yn gytgord.

Ar y bŷs, bras –
Straeon coch, galanas
O chwerthin, sgwrsio, tynnu coes.
Ac, wrth gwrs, y stopio
A'r rhelyw'n pwyso fesul un
O'r bŷs am ddiferyn.

Ond wedyn eu gweld nhw,
Ddynion, yn eu siwtiau yn lân ar lwyfan –
Gŵr y slebog a'r barticlar,
Yr hynafgwr a'r gŵr ifanc –
Eu gweld nhw ar lwyfan
A'u hwynebau'n myfyrio'r gân,
Eu llygaid yn astud
A grym eu cerdd –
Yn dangnefedd, yn orfoledd, neu'n alar –
Yn fflam drwy'r neuadd,
Fel einioes yn llosgi mewn diffeithwch o nos.

"A! wedyn," chwedl hen arweinydd,
"Wedyn mi fydd yn fy llygad i ddeigryn.
A phan glywa' i 'Teilwng yw'r Oen'
Yn tyfu, yn dyrchafu, yn dygyfor
Drwy'r côr, drwy'r meibion,
Mi wn mai Duw da a wnaeth ddynion."

LLIW GWYN

Roedd yr haul yn y ffenest
Yn ynni melyn; o'r bron
Nad oedd o'n tincial yn erbyn y gwydyr
Wrth dorri'n ddiferion o loywder:
Yn y ffenest roedd yr haf fel môr.

Ac yntau'n wael yn fan'no,
Yn groen ac esgyrn ac yn llegach
Fel petai o wedi'i ddatgysylltu
Oddi wrth rym yr haf a'r byd
Yr oedd bywyd yn gyrru drwyddo;
Bellach yn rhy wan i gymryd arno,
Yn rhy wan i brotestio'i fod o'n iawn,
Yn rhy wan i falio.
Daeth angau fel brân ddu
I glwydo ar bostyn y gwely.

Ond cyn y diwedd, cyn bod ysglyfaethu,
O'r ysgol yn ymyl daeth sŵn plant yn canu,
Canu yn yr iárd heb ddim rheswm am hynny
Ond eu bod nhw'n blant a'i bod hi'n haf.
A rhywfodd fe fu iddo ymgysylltu
Â'r canu hwnnw, mynd yn rhan ohono
Ac yn rhan o'r môr o oleuni
Fel nad dyn ar ei ben ei hun mewn llofft oedd yno
Ond rhan annatod o ryw fynd a dyfod.
A chyn ei ddarfod, fel fflach drwy'i gyneddfau,
Daeth rhyw sicrwydd ód mai gwyn ydoedd angau.

SERA JÔS, ADERYN Y NOS

Y mae'r siarc, meddir,
Yn gallu synhwyro arswyd yn y dyfroedd;
Iddo ef y mae ofn yn bresenoldeb
Sy'n dynodi cig a gwaed,
Yn arwydd o ysglyfaeth.

Yn ei ffordd ei hun, mae'n siŵr gen i
Fod Sera Glan 'Rafon
Hithau'n gallu adnabod yn nyfroedd oerion
Yr hen Iorddonen ryw gynyrfiadau
Oedd yn arwyddion synhwyrus o bresenoldeb angau
Oherwydd hyd yr ardal fe fyddai
Yn ei hel ei hun at gleifion
A oedd, fel y gwelid wedyn,
Yn tynnu tua'r erchwyn.

Eisteddai gyda hwy yn y nos
A'u gwylio'n dadeneidio ar eu gwlâu.
Ar ôl hyn disgrifiai eu hymdrech ag angau –
Rhwnc yr anadl,
A'r curiedig fel sgodyn
A'i lwnc yn gweithio wrth iddo geisio
Yfed yn ôl ei einioes;
Ac yna'r tywyllwch a'r llonyddwch yn symud drosto.

Sera Jôs
Aderyn y nos.

Y diwedd fu, wrth gwrs, iddi hithau
Hedfan ymaith am y dyfroedd tywyll.
Un peth oedd yn rhyfedd, sef nad oedd y dilead
Y tro hwn fel petai wedi amlygu iddi ei ddyfodiad.
Tybed a fu i'r hen 'siarc'
Fethu teimlo'r sbarc oedd drwy'r dyfroedd
Ac iddi fethu synhwyro arswyd marwolaeth
Gan mai hi ei hun oedd i fod yn ysglyfaeth?
Ynteu a oedd yr hen Sera ac angau
Yn deall ei gilydd yn iawn, fel hen lawiau?

Aderyn y nos
Sera Jôs.

117

MAES CARAFANAU'R EISTEDDFOD GENEDLAETHOL

(O leiaf o brofiad yn y gorffennol.)

Dim ond ar faes carafanau'r Genedlaethol
Y gwelech chwi fardd cadeiriol
Yn troedio'n fwtjiasog trwy'r gwlith yn blygeiniol
(Megis cath fisi eithriadol)
Gan gludo yn garcus fyseddol
(Fel petai o'n ddefnydd ffrwydrol)
Fwcedaid anhraethol o
          gachu.

Ac fe gewch amrywiaeth o feirniaid yno –
O'r awdl hyd at unwad gontralto –
Yn gorfod dwys ystyrio
Pa fodd mae cael lle i biso
Gan fod y doiledaidd wal-ddyfrio
Yn gorfoleddus orlifo.

Yn amlach na heb mae'r drafodaeth
Yn troi at rinweddau carthffosiaeth
Effeithiol na rhagoriaethau barddoniaeth,
Dyfnion bethau diwinyddiaeth
Neu swynion mwyn cerddoriaeth.

Mae sôn am ddiffyg pwysau
Ffrydlif dŵr trwy bibellau
Ac ystyried yr hyd annymunol o amser
A gymer tanciau'r geudái hyd eu gofer
Yn rheitiach materion i'w hystyried
Na melyster concerto neu braffter y soned.

Man ydi maes carafanau'r Genedlaethol
I ddyn ddod eto'n ymwybodol
O ormes y rheidiau corfforol
A gweld mor hawdd i braffter diwylliannol
Yw troi yn gwbl ansylweddol
Dan ddiffygion technoleg blymyddol.

SONIWCH AM Y GYMRAEG

Soniwch am y Gymraeg wrth rai gwleidyddion a rhai
     cynghorwyr sir
Ac fe fyddant yn reddfol yn estyn am eu cydwybodau,
Yn eu pysgota o dywyll leoedd eu heneidiau;
Byddant wedyn yn eu ffustio i'w tyneru
Fel y bydd cogyddion yn tyneru cig,
Byddant yn eu hireiddio fel hen sgidiau
Nes eu bod nhw fel newydd,
Mor barod â radar i ganfod o bell bob arlliw o drywydd o
Bob math o achosion teilwng.

Cymraeg:
A bydd y diawliaid plant swnllyd yna
Yn troi, trwy drawsffurfiad cyfrin, yn
Hen bethau bach heb siglenni,
Heb gae i roi eu traed i lawr.

Cymraeg:
A bydd hen bobol yn sydyn yn symud
O erchwyn gofalon y rhain
I ganol gwelyau eu hewyllys da.

Cymraeg:
A bydd y brodyr o'r newydd yn fflorensneitingeleiddio
Ac yn chwilio yng nghypyrddau eu calonnau
Am rywbeth i'w wneud dros ysbytai,
Rhywbeth bach, wyddoch chi, dros gleifion yr hen ddaear yma.

Prin y byddai neb yn breuddwydio
Fod yr achosion hyn wedi bod bob amser
Gyda hwy. Rhaid eu bod trwy'r adeg yn cuddio
Yn selerydd eu gofal a bod gofyn cael y Gymraeg
I beri iddynt fynd ati i chwilio yno amdanynt.

Pan fydd holl blant Cymru'n siglo o'i hochor hi,
A holl hen bobol ein gwlad ni

Yn foethus ar arian cofnodion,
A'r cleifion a'r truenusion yn ffynnu ar arian arwyddion
Soniwch am y Gymraeg
Ac fe fydd rhai'n siŵr o ddarganfod
Achosion o argyfwng yn ein gwlad,
Megis y dygn angen o gael cyflenwad
O leiffbelts i bysgod mewn helbul a chartrefi i dyrchod
    amddifad.

SEREN WIB

A'r sêr yn friwsion disglair,
Yn doreth goleuni ar hyd yr hwyr,
Drwy'r awyr
Eiliad loyw
A serio gwyn a hisiodd i'r pen
Nes bod fflachiadau'n canu
Fel peiriant-pwnio-peli*
Drwy'r ymennydd.
Byw
Yn gynffon drwy'r tywyllwch,
Goleuni, ynni:
            llwch.
Digwyddodd, darfu,
Fel llwynog Williams Parry.

(*Sef yr hyn a eilw'r Americanwyr yn 'pinball machine'. Fe'u ceir mewn difyriau neu
miwsments.)

MWY NA'R UN FAINT

Teithio mewn car a dau fab yn y cefn
Yn ceisio cadw trefn trwy gyfrif moto beicia',
Ceisio eu cyfri'n rhuo heibio.

"Fi bia' hwn'na," meddai'r lleia';
"A finna' hwn'na," meddai'r mwya'.
"Un i mi." "Ac un i minna'."

"Fi bia' hwn'na," medai'r lleia';
"A finna' hwn'na," meddai'r mwya'.
"Dau i mi." "A dau i minna'."

"Fi bia' hwn'na," meddai'r lleia';
"A finna' hwn'na," meddai'r mwya'.
"Tri i mi." "A thri i minna'."

Yna dyma hi'n nos ar yr annysgedig.
Dyma'r tywyllwch sydd ar ôl Tri, lle mae rhifa'
Mor welw, annelwig â drychiolaetha'
Yn cau o gwmpas y lleia'.

Ond i'r mwya', am y tro cynta',
Amlygodd Addysg ei manteision;
Yn wir, symbylodd ddangos gorchestion.
Pelydrodd Pedwar, Pump, Chwech ac ati
O gwmpas, a rhifau ffansi
Fel Cant Dau Ddeg Naw,
Pum Cant Tri Deg Tri,
A gogoniant rhyfeddol y swm anarferol
O Gant Saith Mil Deg a Chwech.
"Cant Saith Mil Deg a Chwech i mi:" felly'r mwya'
Yn cyfansymu ei foto beicia'.

Swatiai'r lleia' yn ei fyd di-rifa',
Ym mudandod diffyg ysgol.
Ond dyma fwrw'n ôl ar ysbrydoliaeth gyneddfol,
"A finna', mae gen i,
Mae gen i
Fwy o lawer na'r un faint â chdi."

TARW TRYFAL

*(Roedd tarw du Cymreig ar fferm Tryfal, yn Ffestiniog.
Hwnnw gyda dôs o ddychymyg sydd yma.)*

Wrth odre mynydd y Manod y mae
Creadur na ellir, bellach, yn ddiau
Weld ei debyg y tu allan i chwedlau.

Onid ydi gyrn yn droellau
Fel concrit yn brigo o'i dalcen?
Yn wir, oni welir ebychiadau o fwg
Yn aml yn tasgu o ffwrnais ei ben;
Mwg a fydd, o ennyn ei ddicter,
Yn troi'n fflamau angerddol o'i ffroenau,
Fflamau a bair i groen y ddaear
Blisgio fel paent dan ffyrnigrwydd lamp
Ac a ffrïa, fel sosejis, y tyrchod yn eu tyllau
Ac a grimpia gorsydd?

Onid ydi o, er lles ei gyhyrau,
Yn bwyta, bob bore,
Bentyrrau briwedig o gerrig
Fel rhyw ychydig o gorn-fflêcs?
A phan fydd o'n wir bron â llwgu
'Dydi hi ddim yn rhyfedd ei weld o'n gwgu
Ac yn gwegian y mynydd â'i ben
Ac yna'n llowcio a llyncu
Fel peth wedi 'myllio,
Gan adael yn garpiau dagreuol
Ddarnau helaeth o'r Parc Cenedlaethol.

Os gwelwch chwi hwn yn cychwyn
A thybio ohonoch ei fod yn anelu'n
O union amdanoch
Yna, atolwg, nac arhoswch am gyntun
Ar dalar neu ar fryncyn
I edmygu gogoniannau natur
Neu hen grefftwr gyda'i bladur.
'Dydi'r cyfryw amser ddim, ychwaith, yn or-weddus

I hel blodau na chwilio am fefus.
Na thariwch (na malu
Meclin ychwaith, o ran hynny)
Ar y bryniau efo'r brwyn a'r cerrig mân
Eithr, os gwelwch chwi Darw Tryfal
Yn dynesu yn ei ffordd ddihafal
Gan ddad-dywarchu dolydd,
Gwastatáu fforestydd,
Dihysbyddu afonydd
A rhychu, aredig tiroedd
Am filltiroedd wrth droi
Yna, ysgatfydd, y peth callaf
I'w wneud a'r peth doethaf
O weld, yn y dull dywededig,
Darw anferthol Tryfal
Fydd rhedeg fel cath i gythra'l.

Oni wnewch chwi hyn
Odid na'ch cewch eich hun
Yn cael cryn lwyddiant
Ar oresgyn grym disgyrchiant
Ac yn ei ffroeni fel roced am y bydoedd uwchben
I grwydro'r gwacterau hyd byth, Amen.

Cadwynau yn y Meddwl

(1976)

CADWYNAU YN Y MEDDWL

Cerdd a gyfansoddwyd ar gyfer y teledydd yw hon.

[Dim cerddoriaeth gefndir yn unman oni nodir hynny. Corff yn syrthio i wagle ar ffilm wedi'i harafu. Hyn un waith.]

Yn Nhennessee, ym Memphis, y daeth yr awr
Yn Nhennessee, ar y muriau gwyn, y gwridodd angau.
Yn Nhennessee y daeth y diwedd.

[Llun o Martin Luther King yn gorff.]

Cleddwch y marw hwn.
Y marw hwn â bwled ynddo,
Cleddwch y marw hwn.

[Ffilm o gynhebrwng Martin Luther King.]

Mor hawdd ydi marw:
Clec a thywyllwch,
Tywyllwch mor ddu â'r croen hwnnw
A fu'n achos y boen,
Tywyllwch yn cau am y 'mennydd;
Dyn yn darfod, fel siwt wag i'r llawr yn ymollwng,
Efo twll ynddo,
A llawr y balconi'n goch o'r hyn oedd o.
Y tywyllwch yn gwastraffu'r einioes –
Dim byd newydd; dyn yn marw.
Mor hawdd ydi marw.

[Fel ar y dechrau un, corff yn disgyn i wagle ar ffilm wedi'i harafu.]

125

Mor hawdd yn Nhennessee, ym Memphis, ydoedd marw;
Yn enwedig i ddyn du:
Cadwch y fodolaeth ddu yma oddi ar ein muriau gwyn
Yn Nhennessee, ym Memphis, lle y daeth yr awr.

[Llun o'r corff.]

Ac ni all y gwifrau sy'n astruso'r awyr gyda diasbedain y
    newyddion croch,
Na lluniau ar fwletinau'r teledyddion,
Nac adroddiadau cynhyrfus y papurau newydd,
Na datganiad gan yr Arlywydd,
Na dagrau'r weddw a'r plant,
Ddad-wneud yr awr a'r tywyllwch hwnnw.
Peth fel yna ydi marw.

*[Dangos ffilmiau o'r helyntion a fu yn America ar ôl llofruddio Martin
Luther King. Hyn i gyd yn hollol ddistaw.]*

Seiren yn arswydo'r nos,
Cynddaredd ar y strydoedd
Fel ffenestri'n malu.
Y mudandod du yn symud
Rhwng yr adeiladau
Ac yn gwneuthur y cynefin yn ddieithr,
Fflamau digofaint yn melynu'r tywyllwch,
Y defodau'n chwilfriw,
Distryw yn y llygaid gloywon, cyllyll
Yn waedlyd yng nghnawd yr hen fyd.
Yr anhysbys, yr anhysbys du yn symud.
A sŵn cadwynau;
Llwch, clecian a gwreichion adeiladau'n llosgi,
Sŵn cadwynau hen yn torri.
Y nos ddu'n torri gan ofn,
Yn deilchion o arswyd,
A'r gynnau, yr helmedau a'r nwy
Yn methu clymu'r darnau hollt,
Yn methu asio'r craciau
A frigodd fel gwythiennau
Trwy farwoldeb yr hen batrymau.
A'r nos yn gaglau gwaed,

Fel petai'r distryw a'r cynddaredd o'r dorf ddu
Yn troi, rywsut, yn debyg i enedigaeth ofnadwy.

*[Dangos cyflwr y du yn Neheubarth America, dangos tlodi a budreddi.
Dangos pobol ar strydoedd.]*

Dengys yr ystadegau
Fod mwy o bobol dduon yn awr yn berchnogion ffrijis
Nag erioed o'r blaen.

Dengys yr ystadegau
Fod yn awr lai o achos dros fawa mewn pasejis
Nag erioed o'r blaen,
Oherwydd fod mwy o bobol dduon o fewn cyrraedd rhedadwy
I dai bach.

Dengys yr ystadegau
Fod mwy o bobol dduon yn awr yn rhentu ffôn
Nag erioed o'r blaen.

Dengys yr ystadegau
Fod yn awr lai o achos dros fyw anghyfreithlon
Nag erioed o'r blaen
Oherwydd fod mwy o gyfleusterau i bobol dduon
A mwy o ddiddordebau i eneidiau anfodlon
Nag ers cyn caethiwed.

Paham ynteu yr anesmwythyd,
A hynny'n groes i osgo
Sicr yr ystadegau?

Ni ddengys yr ystadegau
Y cadwynau yn y meddwl,
Y cloncian haearn hwnnw
Sy'n hanes yn y gwaed,
Na'r diniweidrwydd du a droes
Yn nigyr yn America.

*[Lluniau llonydd go-iawn o gaethweision a gwerthu caethweision i gyd-fynd
â dau bennill cyntaf yr adran hon, yna ffilm o Affrica a dawnsio cyntefig a
duwiau o bren.]*

Dŵr. O hafnau'r meddwl
Daw sŵn y dyfnder a'r don
A chyrlen o fôr yn dyner
Yn troi'n loyw yn y distawrwydd,
Yn y llonyddwch am drwyn y llong;
A rhythm y tjieiniau, a rhythm y tjieiniau
Ar draws y tawelwch,
Rhythm y tjieiniau a chamgynghanedd chwip.

Hyrddiau'r dyfnder a chordeddiadau'r gwynt a'r dŵr,
A'r howld yn stremp o rwyfau, o gyrff du a'u tjieiniau,
A'u tjieiniau'n atsain yn y storm,
Yng ngorffwylledd yr elfennau.
Y byd yn ysgwyd i ryddhau ei nwydau,
A sŵn tjieiniau yn y dyfroedd.

A thu ôl i hynny – yr haul,
Y disgleirdeb yng nghyfrinach y cof;
Y llygad bling yn llosgi'r awyr,
Ac fel cleddyf melyn yn y meddwl. Yr haul.
A'r coed. A'r ffurfiau'n symud yn y coed,
Gwawch a sgrech y fforestydd,
Y siffrwd yn y dail.
A'r grymusterau yr oedd iddynt enwau,
Wynebau o liw neu ffurfiau o bren.

Yn ffosydd yr ymennydd
Y mae moroedd y gaethglud,
Fforestydd y bore, a duwiau dieithr.

[CÂN: *Canu'r bliws sydd eisiau yma. Fel gwrthbwynt i'r cwbl gellir dangos lluniau o farchnad gotwm ffyniannus.*]

Yn yr awyr yn araf mae'r haul acw'n troi
Ac o'r cae diffaith yma 'does unlle i ffoi,
Ddydd ar ben dydd gyda'i drymder a'i faich
'Rwy'n crasu mewn lludded a marw mewn gwaith.

Yn yr awyr yn araf mae'r haul acw'n troi,
Dyma finnau yn 'fan'ma a'm byd wedi'i gloi –

Daear ac awyr, a meysydd o waith,
A chrasu mewn lludded a marw mewn gwaith.

Yn yr awyr yn araf mae'r haul acw'n troi,
Mae o'n llosgi fel uffern a'i fflamau'n crynhoi,
Ysu hen gerpyn 'gafodd fywyd un waith
I grasu mewn lludded a marw mewn gwaith.

[*CÂN: 'Spiritual' gyda digon o fynd ynddi yw hon. I gyd-fynd â hi dangoser cynulleidfa ddu yn morio canu.*]

O Arglwydd paid â dod,
O Arglwydd paid â dod,
O Arglwydd paid â dod
Yn y bore,
Yn y bore
I olchi 'meiau i.

O Arglwydd paid â dod,
O Arglwydd paid â dod,
O Arglwydd paid â dod
Ar des y pnawn,
Ar des y pnawn
I olchi 'meiau i.

O Arglwydd yn yr hwyr,
O Arglwydd yn yr hwyr,
O Arglwydd yn yr hwyr
Ar ôl y gwres,
Ar ôl y gwres
Golch Di fy meiau i.

O Arglwydd golcha'n llwyr,
O Arglwydd golcha'n llwyr,
O Arglwydd golcha'n llwyr
Pan ddaw yr hwyr,
Pan ddaw yr hwyr
Fy meiau mawrion i.

[*Llun o ddynesu at Efrog Newydd ar long. Cerddoriaeth electronig.*]

Yng ngenau Efrog Newydd y mae Rhyddid yn sefyll
Gan ddal llusern garreg uwch y dŵr,
Ac wrth ei chefn y mae'r ddinas –
Adeiladau'n estyniadau uchel,
Ymgyraeddiadau ffenestrog ar i fyny,
Ar i fyny lle mae'r awyr ymhell.

*[Dangos goleuadau Efrog Newydd yn y nos a chwarae â goleuadau.
Cerddoriaeth jás sy'n gwneud defnydd o symbalau, drymiau a sacsoffon yn
gefndir i'r cwbl.]*

Coch coch coch coch,
             Melyn,
Coch coch,
        Glas,
Golau golau golau golau,
Nos,
Ias o aur
Gloyw yn y nos, gloyw,
Tywyllwch gloyw,
Neon yn sïo'n welw,
Fflach fflach fflach fflachiadau
   Enwau
   Golau-enwau
   Hysbysebiadau: BYW
               BYDDWCH FYW TRWY BETHAU.
Coch coch coch coch,
             Melyn,
Nos, gloyw nos.
Ac uwchben – yr awyr; fel isymwybod yr ugeinfed ganrif,
Yn sgyfaint llidiog
Yn hongian uwchben yr alwminiwm a'r concrit a'r ceir
A'r gwydr a'r trydan a'r paent a'r bobol
Ar lawr eu byd.

[Dangos Harlem, dangos pobol y lle – yn hwrod, pedleriaid a thruenusion.]

Harlem ddu,
Y gwter fawr,
Traflwnc anobaith
Sy'n tynnu dynion i'w rhidyll fel dyfroedd
Oddi ar strydoedd y ddynoliaeth.

A! serch sy'n troi y byd yn brydferth.
O gemegaeth gyfrin y croen a'r nerf
Y blodeua chwant yn goch ac yn wyrdd.
A! serch, sy'n troi y strydoedd yn hardd.

Yn dair-ar-ddeg mae Tricsi
Yn troi ei chorff i ben y ffordd,
Am brês.
Mesura gynnwrf y cnawd fesul sent
Ac ecstasi wrth y doler.
Yn dair-ar-ddeg ar yr Wythfed Afeniw.

Yn dair-ar-ddeg y mae'r Arwr,
Y Tywysog Euraid ar ei Farch Gwyn,
Iddi hi yn hwriwr.
A! serch, sy'n troi y byd yn brydferth.

A'r gwŷr ieuainc a welant weledigaethau.
Reno a welodd yr haul yn wyrdd
Wrth hedfan uwch y byd.
A gweld gwawl aur yn y goleuni, gloywder
Oedd yn serio'r meddwl.
Aeth amser yn araf
A symudodd y byd fel petai mewn dŵr;
Gloyw, eglur, ddyfroedd y duwiau.

Trip i'r tu draw i synnwyr,
Y tu draw i waliau llaith,
Y tu draw i'r chwydfa sur ar y grisiau,
Y tu draw i'r sen o fyw
A etifeddodd gyda'i groen.

Mae Reno'n nodwyddo ei anobaith
A'r cyffur yn agor dorau gweledigaeth.
A'r gwŷr ieuainc a welant weledigaethau.

[Dangos ffilm o baffiwr du'n ymarfer. Yna ffilm o ornest baffio egr.]

"Haia boi."
Boi boi boi. *(Hwn fel adlais.)*
"Yma boi."

Boi oedd ei dad yn drigain
Ond nid *boi* fyddai efô;
Dangosai i'r byd gyda'i ddyrnau
A nerth ei gyhyrau na ellid byth wedyn
Ei alw'n ddim byd ond *dyn*.

Rhoes i'w bobol bortread o'r greddfau tywyll
A grym gwaed yn torri o'r nos a'r caethiwed.
Gwelodd yr wyneb gwyn fel llun o orthrwm
Dan olau myglyd y ring
A theimlodd gasineb disgybledig
Yn torri trwy ei freichiau;
Gwelodd y cnawd o'i flaen yn malu dan y lledr,
Yr wyneb yn chwyddo o'i siâp,
Y llygaid yn erchyll goch, yn dalpiau o boen
Ar yr wyneb gwelw hwnnw.
Clywodd y cyfrif – "Wyth, Naw, Deg"
Uwch y llonyddwch ar y llawr;
A phan oedd y lle yn llacio'n
Fanllef gref ei fuddugoliaeth
Clywodd, "Da iawn boi."

[Llun gwraig yn Harlem.]

Mam, a chaneuon y Deheudir
Ac atgofion o'r caeau cotwm
Yn nhrofeydd ei hymennydd
Yn ceisio byw'n ddesant,
A ffenestri ei thŷ wedi pydru.
Yn ofni llenwi ffurflen-gwyno
Rhag iddi darfu ar feddiannwr y lle
Am ei bod hi weithiau'n hwyr efo'r rhent,
Heb ystyried fod rhai hyd yn oed yn Central Park
           West a Phark Avenue
Weithiau ar ôl efo'u rhent;
Heb ystyried nad ydi hynny'n rheswm
Dros ddioddef oerni trwy ffenestri
A'r rheini wedi pydru.

[CÂN: Ffilm o waith dur lle gwneir tjieiniau, ond ar ddiwedd pob pennill, ar y llinell olaf fferru, a rhoi, yn eu trefn, lun llonydd o Butain, o strydoedd tlawd, llun 'Y Gri' gan Edvard Munch, a llun gwae ar wyneb un dyn du.]

Cadwynau yn y meddwl du
Islaw yr asgwrn gwyn
Sy'n clymu enaid yn y bru
A gwneud y byd fel hyn.

Cadwynau yr anghyffwrdd cry'
Sy 'nghrombil calon dyn,
Anghariad a chasineb hy
Sydd hyd y strydoedd hyn.

Cadwynau ofnau gwelwon, glas –
Canhwyllau tir y nos,
Tir angau yntau chwyddog, fras,
Tir distryw, bedd a ffos.

Cadwynau yn y meddwl du
Islaw yr asgwrn gwyn
Sy'n clymu enaid yn y bru
A gwneud y byd fel hyn.

*[Dangos ffilm o'r system wahanu ar waith – bysiau gwahân, bwytai gwahân,
arwyddion yn hysbysu'r gwahanrwydd, a dangos plismyn yn restio pobol
dduon am geisio torri'r gwahanrwydd.]*

Ar y býs yn Alabama
Y cefn oedd lle'r dyn du
A disgwylid iddo, wrth reswm,
Ildio ei sedd yn fan'no
Os nad oedd lle i'r gwyn.

A than amgylchiadau fel hyn
Ar y cyntaf o Ragfyr mil-naw-pump-pump
Yr esgynnodd Mrs. Rosa Parks (ddu)
I fýs yn Cleveland Avenue, Montgomery,
Ac eistedd yn lluddedig
Yn rhes flaen rhan y blacs.

Digwyddodd y diwrnod hwnnw
Fod mwy o wynion yn y býs
Nag oedd o seddau-cadw.

Gorchmynnodd y gyrrwr, heb ddisgwyl dim ffŷs,
I Rosa ildio'r sedd
A sefyll fel blac cyffredin
Er mwyn i'r gwyn gael taro'i din
Blinderog ar glustog am dipyn.

"Na,"
Meddai Mrs. Rosa Parks,
"Na, 'choda'i ddim."

Ac yn y 'Na' hwnnw
Clywodd y gyrrwr dwrw
Dieithr i'w glustiau,
Megis ffeil ar gadwynau
Yn rhygnu fel rhyddid.

Bygythiodd – cododd eraill –
Ond dal yn ddigyffro yr oedd Mrs. Parks.
Am hynny fe gafodd ei restio,
Oblegid dyna'r ffordd yr oedd pethau'n gweithio
Yng ngolwg gyfiawn y gyfraith.

Yn sgîl hyn
Y clywyd wedyn
Am y Parchedig Martin Luther King.

[Dangos ffotograffau o Martin Luther King, dechrau gydag un ohono â'i law
dros ei lygaid yn dangos lludded. Gyda'r 'ystyriaeth' gyntaf, ffilm ohono'n
pregethu; gyda'r ail, llun ohono'n cael ei gapio; gyda'r drydedd, llun ohono
efo'i deulu. Ar ôl pob un o'r rhain dangos y ffotograff cyntaf yn yr adran
hon.]

A dywedodd yr Arglwydd wrth y gŵr hwn,
"Gan weled y gwelais gystudd dy bobol
Ac mi a wn oddi wrth eu doluriau.
Eu blinderau hwy fydd dy flinderau dithau
Ddyddiau a nosau dy einioes;
Ond ti a gei nerth mewn gorthrymderau."

Ystyriaeth grefyddol:

A ddylai gweinidog yn swyddogol
Ymhel â materion gwleidyddol?
Onid ydi hi'n beryglus
I ddyn fynd yn esgeulus
O'i ddyletswyddau yn ei eglwys
Wrth bryderu am fyw-bob-dydd ei bobol?

"Eu blinderau hwy fydd dy flinderau dithau
Ddyddiau a nosau dy einioes;
Ond ti a gei nerth mewn gorthrymderau."

Ystyriaeth alwedigaethol:

Sut y bydd hi at y dyfodol
Ynglŷn â sicrwydd ariannol?
Mae hi'n hollol bosib' i ddyn –
Hyd yn oed un gyda manteision addysgol –
Ei gael ei hun ar y dôl
Wrth bryderu'n ormodol am ei bobol.

"Eu blinderau hwy fydd dy flinderau dithau
Ddyddiau a nosau dy einioes;
Ond ti a gei nerth mewn gorthrymderau."

Ystyriaeth deuluol:

Beth am fy ngwraig,
Beth am fy maban?

"Eu blinderau hwy fydd dy flinderau dithau
Ddyddiau a nosau dy einioes;
Ond ti a gei nerth mewn gorthrymderau."

[Dangos ffilmiau o Martin Luther King yn cerdded ac mewn protestiadau.]

Ac yr oedd y ffordd yn ffordd heb drais
Yn wyneb trais.

Daw trais weithiau dros y ffôn
Trwy lais anhysbys yn sibrwd
Geiriau.
Trais yw bygythiadau.
Trais yw bom wrth y drws.

Heblaw am y pethau cyhoeddus hynny
Megis geiriau gwleidyddion gau,
Cyfraith cyfreithwyr,
Cyfiawnder rheithwyr,
Neu, weithiau, gŵn yr heddlu.

Trais yw cysgod marwolaeth.

"Myfi, oherwydd fy mhobol,
Mewn blinderau yn helaeth,
Mewn carcharau yn aml,
Mewn marwolaethau yn fynych.
Yn Alabama a Georgia carcharwyd fi ddeuddeg gwaith,
Dwy waith y bomiwyd fy nghartref:
Trywanwyd fi unwaith a bûm yn ymyl marw,
Beunydd y bygythiwyd fi a'm teulu;
Mewn teithiau yn fynych,
Mewn peryglon yn y strydoedd,
Mewn peryglon gan fy mhobol fy hun,
Mewn peryglon gan eraill,
Mewn peryglon yn y dinasoedd,
Mewn peryglon yn y lleoedd tawel;
Mewn peryglon ymhlith brodyr gau,
Mewn llafur a lludded,
Mewn anhunedd yn fynych,
Mewn gwewyr ac ofn.
Diffygiaswn, diffygiaswn pe na chredaswn
Weled daioni yr Arglwydd yn nhir y rhai byw."

[Yn cydredeg gyda'r adran gyntaf y mae ffilm o Martin Luther King yn cael ei holi gan bobol y teledydd, yna ffilm ohono'n derbyn Gwobr Nobel. Yna llun ohono yntau a'r camera'n dynesu ato ac yn canolbwyntio ar ei lygaid. Gyda'r llinell olaf dangoser y ffilm o'i bregeth olaf lle sonia amdano'i hun wedi bod ar y mynydd. Dangos y bregeth honno'n fud tra cenir y gân 'Mae gen i Freuddwyd'.]

A ydi hi'n haws i ddyn farw
Ar ôl ei weld ei hun ar y teledydd?
A ydi hi'n haws i ddyn farw
Ar ôl ennill Gwobr Nobel?
A ydi hi'n haws i ddyn farw
Ac yntau'n cael ei gyfrif yn arweinydd?

136

A! angau, yr hen ddiffeithiwr,
Rhag dy arswyd
Nid yn hawdd y rhyddhei di ŵr.

Ynghanol y blynyddoedd, i rai, y mae gardd,
Y lle a elwir Gethsemane,
Y lle o flaen angau;
Y lle i droi y meddwl ar wedd yr arteithiwr
Ac i fyfyrio ar ei ddychrynderau.

Bu hwn yno.
A dychwelodd at ei bobol gyda gorfoledd
Fel un a welodd iachawdwriaeth yr Arglwydd
Ym mynydd y gweddnewidiad.

    [Cân]

Mae gen i freuddwyd am y wlad
Lle bydd pawb yn bobol,
Lle na fydd gormes na nacâd
Na chas byth mwy dragwyddol.

Mae gen i freuddwyd am y wlad
Lle bydd diwedd angau,
Lle na fydd cynnen, trais, na brad,
Lle na fydd ofn cadwynau.

Mae gen i freuddwyd am y wlad
Lle bydd cariad yno,
Lle na fydd dicter mwy, na llid,
Lle na fydd neb yn wylo.

A disglair ydyw'r muriau mawr
A hardd fel môr o wydyr,
A'r pyrth a egyr yn y wawr
I fyd a fu ar grwydyr.

    [Dangos Memphis, y lle. Yna fel y down yn ôl at eiriau'r dechrau, y corff yn disgyn yn araf fel ar y dechrau. Yna gyda dechrau adrodd y geiriau 'Wragedd America . . .' dangos ffilm o ymladd rhwng du a gwyn – yn enwedig, os gellir cael gafael ar y ffilm honno – o bobol wynion yn ysgwyd bys ag ynddi blant du ar eu ffordd i ysgol wyn. Fferru'r ffilm ynghanol yr olygfa honno ac ynghanol y cythrwfl.]

137

Mae ar hyd yn oed ddynion-lludw,
Du eu lliw, eisiau byw:
Felly yr oedd hi ym Memphis.

Ewyllys yr Arglwydd
Oedd fod sefyll o'u plaid
Ym Memphis.

Rhaid oedd codi llais
Mewn protest ddi-drais
Ym Memphis,
Ym Memphis, Tennessee.

Yn Nhennessee, ym Memphis, y daeth yr awr.
Yn Nhennessee, ar y muriau gwyn, y gwridodd angau.
Yn Nhennessee y daeth y diwedd.

"Wragedd America, wragedd y byd
Nac wylwch o'm plegid i,
Eithr wylwch o'ch plegid eich hunain
Ac oblegid eich plant;
Oblegid eich plant,
Oblegid eich plant."

CYSGODION

Cerdd radio yw hon. Yr hyn a geir yma ydi dau olwg ar fywyd, sef trwy fywydau'r bodau a grewyd o hysbysebion, Mr. a Mrs. Swâf; a thrwy fywydau'r bobol 'go-iawn', anghyffredin o gyffredin, Mr. a Mrs, Soch.

GOLYGFA UN, SWÂF

[Sŵn ceiliog. Cerddoriaeth fywiog, foreol.]

LLAIS 1 (Gŵr):

Mae'r bore'n clochdar
A dyma lawenydd diwrnod newydd
Yn taslo trwy'r llenni
Wrth i Swâf a'i gymar, yn gynnar,
Lamu o'u dwfeti
I gyfarch y dydd.

[Cerddoriaeth fywiog, foreol. Sŵn dŵr wedyn.]

LLAIS 2 (Gwraig):

Dŵr a hufen addfwynwyn o sebon
Yn drochion-anwes afradlon
I ireiddio, hydreiddio, sidaneiddio, anwylo
Croen, a'i gadw'n fythol wyn.

[Cerddoriaeth hysbysebu sebon.]

Sa' a rho yna i S.R.ennu
Dy ddannedd bâst yn anwedd ysgafn ar frws
I loywi gwên a llawenu pryd.
Hyfryd!

[Cerddoriaeth hysbysebu sebon.]

A ydych chwi'n cael eich digoni?

[Cerddoriaeth hysbysebu gwerthu llefrith.]

Iechyd da efo peinta.
Tynnu gloywder y top
A ffrwd wen o enau'n
Arllwys nerth a phrydferthwch
Ar ysgyrion ŷd.

[Cerddoriaeth hysbysebu Celogs.]

Nid bore, bore heb Gelogs.

[Yna canu ar gân gyfarwydd hysbysebu Celogs.]

LLAIS 1:

Agorwch chwi baced o gornfflêcs Celogs
A chroeso heulwen,
A chroeso heulwen.

Caeau ŷd yn hyfryd felyn,
Olyniaeth diderfyn o ysgubau aur
A'r rheini'n cael eu cynaeafu i'ch bwrdd
Yn greision heulwen.

[Sŵn crensian, Cân Celogs eto.]

Agorwch chwi baced o gornfflêcs Celogs
A chroeso heulwen,
A chroeso heulwen.

[Canu'n darfod.]

LLAIS 2:

A'r dirion wraig addfwyn
Yn telori yn y gegin
Wrth weld cig moch (glanwaith) coch
Yn cyrlio wrth ffrïo
A'i aroglau fel dedwyddwch gweladwy
Uwchben y stôf.
Ham, heb amheuaeth,
Ydi llonder ein lluniaeth!

140

[Cerddoriaeth hysbyseb ham.]

LLAIS 1:

Yna cusana Swâf fin melfed ei fun,
Y min a lefeiniwyd â minlliw fioled
Cyn iddo gerdded i des y boreddydd.
Llawenydd!

[Cerddoriaeth hapus hoyw. Mae'r gerddoriaeth yn stopio'n stond. Saib.]

GOLYGFA UN, SOCH

[Sŵn larwm.]

LLAIS 3 (GŴR):

[Agor ceg.]

A a o o o y y y h.

[Daw sŵn pistyllio glaw.]

A dyma fore Mr. a Mrs. Soch.
Ymbalfalu am gloc.
Glaw i'w glywed
Yn tatjian ar y ffenest.
Y wraig a'i brestiau'n fflopian
A'i gwallt wedi'i wefreiddio gan gyrlyrs
Yn stryffaglio i gael ei thraed i slipas.

A a o o o y y y h.

LLAIS 4 (GWRAIG):

"Wel dyma uffar' o fora."

[Saib.]

"Ty'd, yli ditha, coda."

141

Y geiriau dethol yn ansicr ymdreiglo
Trwy glustiau'r cymar ysydd fel arad'
Yn rhychu'r gwely.
Dacw'r horwth yn camelu,
Yn araf eistedd, ymsythu,
Codi ac yn anelu'n anunion am y geudy.

[Sŵn lle chwech.]

LLAIS 3:

"Lle mae 'nannedd i?"

LLAIS 4:

"Wel 'dydyn nhw ddim gen i,
Mae hynny'n ddigon siŵr iti.
Ty'd, hel dy begla'."

LLAIS 3:

Gwên anwynebog,
Mewn gwydr ar sil y ffenest
Mewn dŵr oedd wedi darfod ysu,
Ond a swigodd ar ôl llonyddu;
Wele begia' mashio'r wladwriaeth les
Yma, yn berlog, odidog res.

Ymddanheddu, a slempan.

O o o a a a y y y h.

LLAIS 4:

"Yli traed dani,
Shifftia'n blydi handi."

Ac wele fwrdd.

LLAIS 3:

"Be 'di oed y bwyd adar?
Siwpyr i barot yn swpar
Fis yn ôl!
Ond bora 'ma 'dw i am basio
Ffŷst côrs a dechra' efo slops."

LLAIS 4:

"Paned ddalith at senna'!
A 'llasat titha
Fentro trïo'r cornfflêcs Celogs 'na
Yn lle troi trwyn 'rôl diota."

LLAIS 3:

Darnau oer o dôst,
Potel lafoeriog o sôs,
Tin potel o lefrith yn egru,
Cwlff crin o fara sgleis,
Briwsion. A dragon o wraig
Yn rhawio'n glympia' ddetholiad o'r rhain
I geubal ddiwala.

Ar ôl pwff ar ffag a the'n un jòch
I'r mwrllwch sur ymlwybra Soch.

[Sûn corn gwaith.]

AIL OLYGFA SWÂF

[Miwsig i awgrymu symud prysur, llon.]

LLAIS 1:

Efô, yn nawf y boreddydd
Dan fflachiadau eurwaith y coedydd
Sy'n dal disgleirdeb byw o haul;

143

Efô, a phranc yn ei gam hyd balmentydd.
Gwenau, cyfarchiadau, amneidiau;
A'r byd yn wawr o gyfeillgarwch.

[Miwsig breuddwydiol, addfwyn.]

LLAIS 2:

Hyhi, yn ehangder ei chegin,
Ynghanol destlusrwydd o gypyrddau
Yn mwydo'n lilïaidd dynerwch ei dwylaw
Mewn ewyn sebon llestri.
Yn awr ac yn y man mae'n dyrchafu'n dendar
Gwpan neu sosar tjieni
A'u dodi, fel petalau, mewn cawell i ddiferu.

"Moeth pur yw golchi llestri efo Ffêri."

[Cerddoriaeth hysbysebu sebon golchi llestri.]

Golchi llestri efo Ffêri a phuro,
Mwytho, melfedu dwylo.

[Awgrymu cefndir trên tanddaearol. Cerddoriaeth brysur lawen.]

LLAIS 1:

Efô, dan y ddaear mewn trên
Efo'r *Times*, wrth gwrs, yn ei ddwylo
Yn myfyrio ar ffawd y bunt.
A yw'r farchnad yn siglo?
Ffordd mae cyfranddaliadau'n treiglo?
Pa logau a gynydda?
A thrwy'r cwbwl, llwyddo, llwyddo, llwyddo.

[Cerddoriaeth ysgafn, addfwyn.]

LLAIS 2:

Hyhi yn hwfro,
Yn ysgafn droedio dyfnderoedd carpedi

A bol-belen i'r llwch i'w chanlyn yn gleidio,
Gan larpio pob blewyn, pob smotyn,
Pob graeanyn sy'n llechu ym monion neu ym mhlethiad y
    carped.
Yna, o gán, hi a chwistrella
Gŵyr y goleuni ar ffenestri a chelfi,
A chlwt a'i dilyna
Gan wneud y gwaith c'leta'
Ohono'i hun er mwyn iddi hi
Gael cyfle bob hyn-a-hyn i oedi
Wrth loywi ei thŷ
I sefyll a siriol wenu.

[Cerddoriaeth ymlaen, yna marw'n araf.]

LLAIS 1:

    Efô,

LLAIS 2:

      hyhi,

LLAIS 1 a 2:

        ar wahân yn yfed coffi:,

LLAIS 1:

    Y gora',

LLAIS 2:

      y rhata',

LLAIS 1:

        blasusa',

LLAIS 2:

        maethlona';

LLAIS 1:

  Yr un,

LLAIS 2:

      yn ffa,

LLAIS 1:

        'ddaw fel cawod ha',

    [Sŵn rhythmig ffa ar gaead tun.]

LLAIS 2:

  Yn ddawns o'r coed lle tyfa.

    [Jingl coffi.]

LLAIS 1:

  Ffa coffi, ffa;
  Ffa coffi ffa – y gora'.

LLAIS 2:

  "Ar fy ngair
  Dyma'r coffi sy'n wir yn berlesmair!"

LLAIS 1:

  Felly'r bore.

146

AIL OLYGFA, SOCH

[Sŵn glaw.]

LLAIS 3:

Efô,
Yn troedio a'r glaw'n pistyllio,
Yn diferyd o fondo ei gap;
Drychiolaeth o ffag damp
Yng nghongol ei weflau wedi crampio.
Cwmanu trwy fore oer,
Trwy'r niwl yn annelwig
Hyd balmentydd, a golau'r lampau'n
Wadin gwlyb uwchben.
Yr haul ymhell mewn sach o niwl.
Pawb yn sarrug, yn sgyrnygu –
Dyddiau du.

[Sŵn golchi llestri.]

LLAIS 4:

Hyhi, gyda'i dwylo cras,
Yn slempian llestri mewn dŵr llugoer
A llygaid braster o'r bowlen yn syllu arni.
Hyhi yn gyfarwydd â chyfyngder ei chegin
Ac yn reddfol yn symud i osgoi conglau,
Osgoi pigau bnafog a ymwthia
Yno'n fileinig amdani.
Hyhi yn chwythu-plwc y plisgyn gwag
A gynhwysai y sebon golchi.

"Mae golchi llestri efo Ffêri'n uffernol!"

[Sŵn cras bŵs.]

LLAIS 3:

Efô, yn y bŷs yn pesychu
Ac yn hongian fel pennog wedi'i sgaldio

147

Wrth strap a chael ei waldio
Efo pob cornel a phob stopio
Yn erbyn c'letyn gloyw rheilen haearn.
Ffenestri'n ageru, a myllni pobol
Yn llenwi a mygu'r lle.
Dim siawns am gip ar gefn y *Sun*
Ar y cymeradwythau ar gyfer rasus y pnawn –
Y meirch sy'n cario gobeithion –
Nac ar gyfer y milgwn yn yr hwyr.

    [Sŵn symud o gwmpas tŷ.]

LLAIS 4:

Hyhi, heb or-wneud,
Yn carcus dynnu llwch;
Yn trampio'n drwm i'r llofft i sgytian y gwely;
Wedi hynny smôc.
Lled llnau y grât,
Llacio, cario lludw,
A hwrjio priciau i gorff gwelw tanllwyth ddoe;
Fflach a myglyd gynnau.
Smôc a steddiad, a llyma'd i'r gath,
A Radio Un yn llond ei chlustiau.

    [Gyda diwedd hwn mae eisiau cân boblogaidd erchyll o swnllyd.]

LLAIS 3:

Efô, yn y cantîn,

LLAIS 4:

Hyhi, gartre' ar ei thin,

LLAIS 3 a 4:

Yn slochian te.

    [Saib fer.]

LLAIS 3 :

Felly'r bore.

TRYDEDD OLYGFA, SWÂF

[Sŵn ceir, yna hwnnw'n cael ei fygu'n ddim.]

LLAIS 1:

Uwch dwndwr y cerbydau
Sy'n mygu'n wenwynig islaw
Mae stafell tua'r nef sy'n diffodd y stŵr
Ac yno mae troell o awyr ddi-haint;
Yno mae lle y breintiedig.

[Cerddoriaeth nefolaidd i'r adran nesaf.]

Hanner nef o hyfrydwch,
Lle na ddaw dim mwrllwch,
Lle felly yw swyddfa Sicirfa.
A phawb ddaw i hon
Sy'n heini a llon,
Lle felly yw swyddfa Sicirfa.

A brenin y lle?
Pwy ond Swâf onid e?
Lle felly yw swyddfa Sicirfa.

[Cerddoriaeth yn dal am dipyn, yna'n gorffen.]

Yno yn ei gadair-droi â'i draed ar ei ddesg
Mae Swâf yn llefaru a'r arian yn dyblu
A'i ysgrifenyddes, y lodes loyw,
Yn nodi pob ebwch, a chroesi ei choesau.

[Cerddoriaeth ramantus. Y gân 'Love is Blue' yn cael ei chwarae'n araf – nid y fersiwn gyflym o'r gân.]

LLAIS 2:

Afon o loywder hir –
Heulwen a dŵr,
A hi, wedi'i deodoreiddio, yn araf, araf rodio
A'i gwisg fel awel wen amdani.

149

A'r haf yn ei chylch.
Y ddaear, yn nhrefn yr amserau,
Yn troi'n löynnod, yn troi'n lliwiau,
Yn agor yn wair ac yn flodau.
A'r haf ynddi hi.

A'r haf ynddi hi
Yn torri trwy gyfrwng y tawch
A hyfforddia anllywodraeth ei gwallt
Yn set o lifeiriant, fel miwsig;
Trwy asur cysgodion-golygon
Try ei haf yn gordiau;
Trwy fascara daw fel feiolinau,
Daw'n borffor gitâr o'i gwefusau
Hyd nes bod, hyd nes bod
Symffoni ei hyfrydwch
Yn atseinio'n HAF.

TRYDEDD OLYGFA, SOCH

[Cefndir o sŵn peiriannol trwy'r adeg. Llefaru rhythmig, undonog.]

LLAIS 3;

Plât yn ei lle,
Rhoi sgriw, troi sgriw, tynnu –
Plât yn sicir felly.
Plât yn ei lle,
Rhoi sgriw, troi sgriw, tynnu.
Plât yn ei lle,
Rhoi sgriw, troi sgriw, tynnu.
Plât yn ei lle,
Rhoi sgriw, troi sgriw, tynnu.
Plât yn ei lle,
Rhoi sgriw, troi sgriw, tynnu.
Plât yn ei lle,
Rhoi sgriw, troi sgriw, tynnu.

"Hei! Yn fan hyn –
Eisiau mwy o blatiau."

Ac oddi draw
Boi'n dod, boi'n rhoi platiau.

[Sŵn haearn yma.]

Yn y lle iawn –
Platiau chwap mewn blychau.
Plât yn ei lle,
Rhoi sgriw, troi sgriw, tynnu.
Plât yn ei lle,
Rhoi sgriw, troi sgriw, tynnu.
Plât yn ei lle,
Rhoi sgriw, troi sgriw, tynnu.

[Sgrech hir o feteloedd. O'r sgrech coda llef.]

STREIC!

Dim mwy o waith,
Rhaid cael, rhaid cael, rhywbeth.
Dim mwy o waith,
Rhaid cael, rhaid cael, rhywbeth.

[Y rhythm yn torri yma am y tro cyntaf. Mae'r sŵn peiriannol yn stopio.]

Rhaid, rhaid, rhaid, rhaid inni fynd ar streic;
Mae'n rhaid inni fynd ar streic.

[Cerddoriaeth fel a geir mewn archfarchnadoedd.]

LLAIS 4:

I siopa.
Archfarchnad o fargeinion,
Stryd hir o gymhellion
A 'mestynna bob punt hyd ddiddymdra.
Staciau (*Adlais*), staciau, staciau o nwyddau;
Pentyrrau (*Adlais*), pentyrrau, pentyrrau o bethau.

151

Dwy geiniog yn llai –
Dyma'r unig rai sy ar ôl!

Rhatach fesul tri,
Ac un yn ffri!

Cynnig arbennig –
Un am ddim wrth brynu dau,
A dau am ddim wrth brynu ddydd Iau!

Goliwogs neu golis
Efo pwys o jeli-bebis!

Cyfle'r ganrif am wyliau rhad –
Mis ym Majorca
Neu ddau ym Minorca
Am ddim ond ugain punt eleni
(A dwy fil o dopiau pacedi).

Bargeinion ffantastig:
Basgedaid basgedig.

[*Sŵn til lawer gwaith.*]

PEDWAREDD OLYGFA, SWÂF

[*Sŵn parti, miwsig addfwyn. Cadwer hysbyseb y siocledi 'After Eight' mewn cof.*]

LLAIS 2:

Yr hwyr a chyfeillion,
Bwrdd hir ac arno olion enllyn a danteithion –
Brithyll oedd yn chwalu ei flas dros y genau
Yn wyn, yn frau;
Hwyaden, ac oren yn rhoi ias ym mlas y cig;
Gwin;
Mefus tewion, melys
A choch llawn eu blas
Yn nofio'n un â gwyn eu hufen;
Ffrwythau – afalau pêr,
A grawnsypiau gloywddu'n torri eu melystra'n

152

Ireidd-der ar daflod;
Ac yna, ar ôl y coffi a'r brandi,
Mwyth cyflawn tafellau ar-ôl-wyth
A glwth tywyll y siocled
Yn picio gan fflachiadau o fint.
A'r sgwrs yn hymian yn yr hwyr yn yr haf.

LLAIS 1:

Sigâr:
Hafana sy'n ennyn gweledigaethau!
Mae plethiadau, cyrliau llwydlas
Y mwg yn magu rhithiau
O wraig yn torri o ewyn
A diferion dŵr ar ei chroen gwyn,
Erotig a satin.
Un â'i meinwisg yn wlyb wasgedig
Am ffrwythau trymion ei bronnau,
A'i llwynau'n agor dorau llawenydd.

Hon o bersawr niwl yr Hafana
I'w rhoi ei hun i mi a ymrithia.

Hafana,
Sigâr y nwydau,
Y sigâr a gâr y gwragedd!

[Cerddoriaeth fel yr un a geir wrth hysbysebu'r sigâr Hamlet.]

PEDWAREDD OLYGFA, SOCH

[Y gerddoriaeth yn toddi i sŵn bwyta, sŵn llestri, etc.]

LLAIS 3:

Sglodion yn lafoerion saim
Ac enaid gwyn o bysgodyn
Mewn arch o grinjian-grystyn,
A throsto lyfiad brown o sôs;
Brechdan-sgleis, ddiweddar ymadawedig

Fel y gellid tybio, beth bynnag un ddiawledig
Ac arni streipan o farj
Na fedr yr un twpsyn
Ddweud y gwahaniaeth rhyngddo â menyn.
I lawr â'r lot efo sloch o de.
A phwdin yw paned a ffag at dagu.

[Pesychu mawr.]

[Sŵn i awgrymu rhaglen deledu.]

LLAIS 4:

Wedyn, yr hwyr yw Hiwi Grîn
Ac arwyr eraill, sy i gyd o sgrîn yn pelydru,
Ac eistedd yno yn eu gwawl.

[Sŵn tafarn.]

LLAIS 3:

Neu'r hwyr ydi i lawr at yr hogiau
Am fleindar i fyrhau'r oriau.

"Dafarnwr tynn 'di'r fraich."

Swish a'r chwerw yn magu pen
Ac arno wên fawr, lawen.
Mae'r byd yn meddalu'n gyfeillgarwch,
Yn annelwig nawf o hyfrydwch,
A braidd na ddaw pysgod o lawenydd
Heibio fel disgleirdebau swil.

Try geiriau'n llyswennod, a llithrant
O gwmpas y pen,
Neu codant fel swigod
A bownsio'n dyner rownd yr ymennydd.

Cân,
    simsan,
A'r nodau'n plygu
A baglu o gwmpas y dôn.

Daw i ben.
Yna adref drwy ansadrwydd y byd
I wely clyd, i glosio a cheisio perfformio.

GOLYGFA OLAF, SOCH

[Saib. Cerddoriaeth glasurol, drist. Mae'r llefaru yma yn gwbwl ddifrifol.]

LLAIS 5 (GŴR):

Ond trwy bob hun daw hunllef,
Daw sylwedd du y diwedd;
Ar draws pob byw, yn ddrychiolaethau,
Daw henaint hen ac angau;
I gig a gwaed daw rheidrwydd cydnabod
Y tu hwnt gwag, y tywyllwch,
A'r corff fydd yn troi yn llwch.
Crafanga'r gwir trwy ddychymyg
Cyfforddus y cyfnod plastig.
Daw'r dydd i ben, dynesa'r nos,
Darfydda'r byr ymaros.
I ni daw'r mudandod mawr, daw'r dim;
Mae diwedd dyn yn agos.

[Saib.]

GOLYGFA GYNTAF ETO I SWÂF

[Sŵn ceiliog yn canu. Cerddoriaeth foreol, fywiog.]

LLAIS 1:

Mae'r bore'n clochdar
A dyma lawenydd diwrnod newydd
Yn taslo trwy'r llenni
Wrth i Swâf a'i gymar yn gynnar
Lamu o'u dwfeti
I gyfarch y dydd . . .

[Gorffen gyda'r miwsig bywiog, boreol.]

T. H. PARRY-WILLIAMS

[Bu farw ar y trydydd o Fawrth, 1975.]

Dim.
Dim crych, dim crawc, dim crac;
Dim byd i arwyddo ei fyned
I lawr i'r rhyd ddu, ddiwethaf honno.
'Doedd y trydydd oer o Fawrth yn Eryri
Yn dangos dim yn amgenach inni
Na'r ail, neu'r cyntaf eleni:
'Doedd y cread yn dangos dim o'i ymadawiad,
Eitem ar y newyddion oedd ei ddarostyngiad.

Eithr wedyn, wedi clywed am y marw,
Yr oedd Eryri yn wahanol,
A'i eiriau o'n creu olion
Ar hyd y lle ym meddyliau rhai pobl:
Y byw'n gadael ei ôl ar y byw.
Ei fyw o sy'n marcio'r lle hwn –
Ei lynnau, ei lymder, ei greigiau –
Nid ei angau. Nid angau. Felly y mae.

WELE DI YN DEG, 'BABY'

[O atgof o rywbeth tebyg gan Vaughan Hughes.]

Wele di yn deg, f'anwylyd,
Wele di yn deg;
Lili lawen, beraidd gangen,
Loyw, luniaidd, lân.

Wele di yn deg, f'anwylyd,
Wele di yn deg;
Eiliw ewyn, flodau gwanwyn,
Firain forwyn wen.

Wele di yn deg, f'anwylyd,
Wele di yn deg;
Rosyn porffor, eira Ionor,
Riain rywiog ras.

Wele di yn deg, f'anwylyd,
Wele di yn deg.
Hold it, buster, your tongue twister
Just don't turn me on;
In short,
Baby, what the bloody 'ell are you nattering about?

MILWYR

Mae'r pabi yn loyw
    Fel gwaed yn yr ŷd,
A'r gwŷr ieuainc gwelw
    Yn fyddar a mud
Yn gorwedd yn ddistaw
    Hyd ddiwedd y byd.

Mae'r haul mawr yn ddisglair,
    Daw'r ffrwyth yn ei bryd;
Ond 'rhain sydd yn ddiwair,
    Yn ddiwair cyhyd,
Yn gorwedd yn ddistaw
    Hyd ddiwedd y byd.

Mae'r lleuad yn llawnder
    O felyn trwm, drud
Uwch llymder a gwacter
    Y gwelw eu pryd
Sy'n gorwedd yn ddistaw
    Hyd ddiwedd y byd.

Mae'r ddaear yn deffro,
    Yn deffro o hyd:
A'r rhain ynghwsg heno
    Â phridd ar eu hyd
Yn gorwedd yn pydru
    Hyd ddiwedd y byd.

AC OBLEGID EICH PLANT

[Gweler Efengyl Luc xxiii, 27-31, yr hen gyfieithiad]

Plant.
Plant bach yn chwarae –
John a Joanne;
Ac Andrew y baban,
Y baban bach gyda hwy.

Rhyngddynt, rhwng y tri ohonynt,
Yr oedd yno ddeng mlynedd
A chwech wythnos o einioes:
John a Joanne
Ac Andrew, y baban.

A daeth rhai
Yn haearn a gwydyr a phlastig eu modur
Yn cario gynnau,
Bwledi, gwifrau bomiau,
Powdwr du
A'u dwylo eisoes yn goch gan angau;
A daeth rhai i ddileu plant:
John a Joanne
Ac Andrew, y baban.

Yna aethant
Yn ôl i'r concrit a'r gwydyr,
I'r ddinas archolledig
I fwyta, i gysgu, i fyw
Fel pe na bai yn eu calonnau
Angau John, angau Joanne,
Angau Andrew, y baban bach;
Plant.

Ac uwch galar y tyrfaeodd,
Uwch y rhai a oedd
Yn plygu dros y marw
Yr oeddynt hwy yno eto
Yn chwifio baneri eu cynddaredd,
Y rheini sy'n medru bwyta,
Yn medru cysgu, yn medru byw
Ar ôl lladd plant.

Croesi Traeth

(1978)

PEN BLWYDD, CHWECH

Daeth deunaw.
Mae deunaw yn hanner llond bws.
Edrychais arnynt yn dod
                ac yn dod
                        ac yn dod,
Deunaw (!), yn dyrfa.

"*Company-y halt*," bloeddiais inna'
Wedi cael fy ngwynt ata', ac yna
"Y-y-mlâ-en rŵan, yn ara'.
Gan bwyll, dalltwch hogia'."
A dyma ymdrechu i arwain y palmanteidiada'
Parablus, cynhyrfus, gorfoleddus yma adra'.

Bwyta.
Symol ar y bara;
Sosejis ar sgiffla' – cymeradwy i'r eitha'
Efo lemonêd a mân deisenna';
Pawb yn heboca,
Yn cadw golwg barcud ar betha'
Rhag ofn colli'r un briwsionyn o'r eitema'.
Yna
Roedd mynd ar farshmalos, mynd ar hufen yr iâ
A mynd ar y bisgenna' siocoled tena'.
Ond ar ôl chwythu canhwylla' roedd pawb mor llawn
Fel nad oedd fawr gynnig ar Y Gacen go-iawn.

Ac yna chwara',
Allan (diolch i'r elfenna') nes iddi dywyllu,
Ac yna'n un haflug yn ôl i'w difyrru.

Dacw Glyn yn fan'cw yn gwrol gusanu
Hayley, a hithau yn swil yn cilwenu.
Yma mae Wenna, ar ôl cael sen,
Yn rhoi cwrban garate ddeheuig iawn i Ken.
Dyma Dewi'n ceisio 'mestyn i ben silffoedd llyfra'
Efo'i draed yn fŵd ar fraich un o'r cadeiria'.
Nes y cafwyd trefn, a chylch o dyndra
Yn pasio parseli; yna digon o weiddi
Efo mwgwd ieir a thíc ac ati.

Ac ymlaen, nes i ambell un
Deimlo ar ei galon ei bod hi'n biti
Gadael bwyd ar ôl a mynd eto ati
I sglaffio brechdana', marshmalos a jeli.

Nes i'r pnawn ddod i ben
Ac i bawb, ond rhai ni, fynd adra'
Gan adael ar ôl weddillion pen blwydd
Ac adleisiau gloywon eu llawenydd.

TOP OF THE POPS

"A beth, yn enw popeth,
Ydi'r nadu, yr aflafar croch yma
Sy'n fflachio trwy'ch pennau chi yn fan'ma?"

"Top o ddy pops."

Hwdwch disglair
Gwallt o wair
Wedi'i weirio, fe ymddengys,
I'r trydan
Nes ei fod o'n sbarcio trwyddo,
Yn gwingo fel sachad o gathod
A, bob hyn-a-hyn, yn ffrwydro
Yn un gawod o ebychiadau
Oedd yn crensian yn fy nghlustiau.

"Ydi hi'n rhaid wrth y fath rwtj?"

... Ydi'n rhaid wrth y rwtj ...
Rhaid wrth y rwtj ...
Adlais hir o hen eiriau fy nhad
Pan oeddwn innau, yn glustiau i gyd,
Yn gwrando ar Elvis Presley
Yn popian ar y topiau.

> *... Gan fy nhad mi glywais chwedel*
> *A chan ei daid y clywsai yntau*
> *Ac ar ei ôl mi gofiais innau ...*

"Nid rwtj ydi-o."

A dyma ni yn rhod yr oesau,
Y presennol parhaol, top y popiau,
Sy'n gwthio pobol a phethau
I lawr i'r gorffennol
Ac yn rhoi wynebau newydd
I'r hen barhad dynol.

DRAMA'R NADOLIG

Defod, ar y Nadolig, yw fod
Plant y festri, y bychain,
Yn cyflwyno yn ein capel ni
Ddrama y geni.

Bydd rhai oedolion wedi bod wrthi
Yn pwytho'r Nadolig i hen grysau,
Hen gynfasau, hen lenni
I ddilladu y lleng actorion.

Pethau cyffredin, hefyd, fydd yr 'anrhegion':
Bydd hen dun bisgedi,
O'i oreuro, yn flwch 'myrr';
Bocs te go grand fydd yn dal y 'thus';
A daw lwmp o rywbeth wedi'i lapio,
Wedi'i liwio, yn 'aur'.
Bydd yno, yn wastad, seren letrig.

Bydd oedolion eraill wedi bod yn hyfforddi angylion,
Yn ceisio rhoi'r doethion ar ben ffordd,
Yn ymdrechu i bwnio i rai afradlon
Ymarweddiad bugeiliaid,
Ac yn ymlafnio i gadw Herod a'i filwyr
Rhag mynd dros ben llestri –
Oblegid rhyw natur felly sy ym mhlant y festri.
Bydd Mair a bydd Joseff rywfaint yn hŷn
Na'r lleill, ac o'r herwydd yn haws i'w hyweddu.
Doli, yn ddi-ffael, fydd y Baban Iesu.

O bryd i'w gilydd, yn yr ymarferion,
Bydd cega go hyll rhwng bugeiliaid a doethion,
A dadlau croch, weithiau, ymysg angylion,
A bydd waldio pennau'n demtasiwn wrthnysig
I Herod a'i griw efo'u cleddyfau plastig.
A phan dorrir dwyster rhoddi'r anrhegion
Wrth i un o'r doethion ollwng, yn glatj, y tun bisgedi
Bydd eisiau gras i gadw'r gweinidog rhag rhegi.

Ond yn y cariad fydd rhwng y muriau hynny
Ar noson y ddrama, bydd pawb yn deulu;
Bydd diniweidrwydd gwyn yr actorion
Yn troi'r pethau cyffredin, yn wyrthiol, yn eni,
A bydd yn ein nos, yn ein tywyllwch, y seren letrig
Yn cyfeirio'n ôl at y gwir Nadolig,
At y goleuni hwnnw na ellir mo'i gladdu.
Ac yng nghanol dirni ac enbydrwydd byd sy'n gaeth
    dan rym Herod
Fe ddywedir eto nad yw Duw ddim yn darfod.

YN Y SÊR

I mi yr oedd y syniad
O ddiwedd pethau a'u dechreuad
Yn un hollol naturiol.
Genedigaeth,
Marwolaeth:
Cannwyll fer yng ngwyll
Myrdd myrddiynau blynyddoedd y cread,
A chynt ac wedyn
Nox est perpetua una dormienda.[1]

"Pan oeddwn i yn y sêr," meddai yntau
Yn nhrydedd blwydd ei fodolaeth
A mynd â mi o gnawd, o wêr
Fy nghenhedlaeth i'r goleuni tragwyddol,
Lux aeterna,[2] sheceina diamser.
"Pan oeddwn i yn y sêr!"

Nid oedd y fath beth iddo
Â'r syniad o beidio â bod,
'Doedd ganddo ddim amcan
O dywyllwch amdan
Ein golau gwan.
Marwolaeth,
Genedigaeth:
'Doedden nhw iddo ond rhan
O barhad gwyn y diderfyn.

Ym myd y diniwed y mae
Ystad nad oes iddi
Na diwedd na dechrau.

[1] Catullus, *Carmina* 5: '[Rhaid i ni] gysgu un dragwyddol nos.'
[2] Goleuni tragwyddol.

SEREN Y BORE

Ymhob man, tywyllwch;
Ymhob man, tawelwch;
Nos fawr dros y byd.

Yna un golau'n symud
Trwy'r tywyllwch,
Trwy'r tawelwch,
Trwy nos fawr y byd.

Seren felen, sblash
O ddieithrwch yn nwfn y nos
Yn symud, ac yna'n aros.

Aros uwchben y baban,
Y cnawd bach newydd
Yn hen ddinas Dafydd,
Bethlehem.

Yn nos yr oesau,
Trwy dywyllwch blinderau,
Goruwch egrwch croesau
Llewyrchodd golau
Annileadwy y baban
O Bethlehem am byth.

AT YR EGLWYSI SYDD YN MYNED HYD YN BYCLUNS

Ac mi a glywais lais yn dywedyd,
"I ble, eleni, yr awn ni
Ar drip yr Ysgol Sul?"
Ateb, hefyd, a glywais
Fel sŵn llawer iawn o bobol
Yn rhoi un gri fyddarol,
    "Bycluns."

Ac amlen a roddwyd dan sêl
At un yr oedd ganddo gerbyd
Yn dwyn y cyfrin enw hwnnw:
    Sharabáng.

Bore dydd Sadwrn cyffro mawr a fu
O'r gwawrio cyntaf hyd dywyllu.
Ysgol Sulwyr 'welwyd yn bedwar llu
Mewn pedair cyrchfan yn ymgasglu.
Galwodd y gweinidog ar y shandifáng
I gymryd eu lle ar y sharabáng.

Ar y ffordd rhwng Cricieth a Phwllheli,
Ddim ymhell o Chwilog a'r tu draw i Lanllyfni*
Mae cytiau gwyrdd ac o'u blaen faneri
A phwll glas i nofio i'r rhai sy'n teimlo fel'ny,
A lle'n llawn o fwynderau am ddim, ar ôl talu – wrth y giât,
Lle felly ydi gwersyll Bil Byclun

Difyrion!
O! dyna ddifyrion sydd yna'n y lle
O'r gadair sy'n codi hyd at baned o de;
Mae trên, efo cloch, yn symud ar reilen
A throell fendigedig o liwgar o sglefren;
Mae chwrligwgan sy'n troi mor gyflym
Nes eich pwyso yng nghefn eich sêt yn strimyn,
Mae yno geir bach, moto beiciau meddw
Sy'n sgrytian eich bol i fyny i'ch gwddw,
A thrabant amryliw sy'n whiwio o gwmpas
A thynnu eich perfedd yn dynn iawn, fel gardas,

Heb sôn am bwll nofio
A llyn i ganŵio.
Ac o dan do mae yno le chwarae snwcer,
Ping-pong a biliards – lle dibryder.
A beth am y pethau sydd yno i'w bwyta,
Yn gandi-fflós, tjips Tjeinîs ac amryfal dda-da?
    Lle o ryfeddodau syn
        Fel hyn
    Ydi gwersyll Bili Byclun.

Ar ddiwedd dydd yn y cyfryw fan
Sut, yn wir, y gellir
Disgwyl i Ysgol Sulwyr ar Saboth
Ymateb i Nefoedd pan fo'r holl ddelweddau
O'r lle wedi eu codi o ddychymyg cyndadau
Na wydden nhw ddim byd am Bycluns?
Rhai sydd am gyflwyno inni
Le gwisgo gwyn, lle canu telynau,
Heb ddim canu pop, dim ond rhygnu emynau
Hyd dragwyddoldeb.

Yma, atolwg, cyflwynir eto'r hen Nefoedd
Mewn delweddau Byclungar o newydd
Fel y bo'r cwbwl yn berthnasol
I'r to sydd ohoni yn yr oes bresennol.

    Biliards Seion, ar ei byrddau
        Chwery engyl iach,
    Dyma filiards saint yr oesau,
        Dyma filiards plentyn bach.

    Nofio Seion, idd ei phyllau
        Tyred yno ar dy hynt
    Iti brofi dwfn blymïadau
        Brofwyd yn y dyddiau gynt.

    Jiwcbocs Seion, newydd odlau
        Seiniant yno drwy y dydd,
    Cyd-gymysgant â sgrechiadau
        Genod ar y trabant sydd.

Hot-dogs Seion, o mor flasus,
  Candi-fflós a hufen iâ,
Creision tatws, diod fefus,
  Ac amrywiaeth o dda-da.

Bycluns ydyw heb heneiddio,
  Ysgol Suldrip hir, heb law,
Melys yno'n wir fydd treulio
  Oesau fyrdd ryw ddydd a ddaw.

* O safbwynt Bangor.

BACH YDI BABAN

Bach ydi baban
Ar ei gefn fel crwban
Yn ymrwyfo,
A'i ddwylo'n fychan, fychan.

Bach ydi baban,
Yn ei gwsg, yn ysgafn
Yn anadlu,
Mewn gwely bychan, bychan.

Bach ydi baban,
Fel cath fach yn tisian
Neu'n mewian
Yn binc a sidan, sidan.

Bach ydi baban
Fel cyw mewn nyth mewn coedan
Yn agor ceg
O'i blu a thwitian, twitian.

Bach, bach ydi baban,
Bach, bychan, bychan,
    Bach.

CYMYLAU GWYNION

Ballade
(Mais ou sont les neiges d'antan?
Ond ple mae eira'r amser gynt?
François Villon)

Ple, heno, Hymji Gým,
Ple heno yr wyt ti?
Ple, heno, Ginsi Boi
A Ger a Mycs a Gwff?
Cymylau gwynion yn y gwynt,
Hen gyfoedion dyddiau gynt.

Ple, heno, Gonji Arab,
Ple heno yr wyt ti?
Ple, heno, Tibs a Brei
A Gwgyn, Iogi, Bwj?
Cymylau gwynion yn y gwynt,
Hen gyfoedion dyddiau gynt.

Ple, heno, Pinci Yniyns,
Ple heno yr wyt ti?
Ple, heno, Nowtun, Tedi
A Latjis, Dei Dycs, Mei?
Cymylau gwynion yn y gwynt,
Hen gyfoedion dyddiau gynt.

Ple, heno, Pedro, Datji,
Ple heno'r ydych chi?
Ple, heno, rwyt ti, Bysdyr,
John Bach a Meicyn Dan?
Cymylau gwynion yn y gwynt,
Hen gyfoedion dyddiau gynt.

Ple, heno, Inci Pw,
Ple heno yr wyt ti,
A Pow dy frawd, a Phil,
Dei Mocs, Ieu Trêfs a Fuf?
Cymylau gwynion yn y gwynt,
Hen gyfoedion dyddiau gynt.

171

Ple, heno, Gwyn Tom yntau,
Ple heno yr wyt ti
Sy'n cofio rhes o enwau
A darn o'r byw a fu.
Cymylau gwynion yn y gwynt,
Hen gyfoedion dyddiau gynt.

PYSGOTWYR

Ynom y mae rhyw Ahab:
Neu'n fwy manwl, yn rhai ohonom y mae –
Erlidiwr y pysgodyn mawr.
Yng nghefnforoedd y meddwl
Y mae Moby Dick.

Ac weithiau bydd y dyfnder yn berwi
A daw yntau, yn gyfandir o gorffolaeth,
O'r lleoedd isel i frig y don
Nes bod yr eigion yn swisiau bras,
A gwreichion o heli'n torri'n dalpiau o liwiau
Am ei ben, dan byst goleuni'r haul.
Moby Dick, y morfil gwyn.

Ar adegau fel hyn
Bydd dyn yn cydio mewn arf
Ac yn gadael ei dŷ.
Hyn ydyw hen ysfa hela.

Y bore hwnnw yr oedd Marc
Wedi cydio mewn genwair,
Wedi ymwelingtoneiddio
A gadael ei dŷ a dod yma
I edrych a oedd un, neu ddau,
A ddeuai gydag o i bysgota.

Fel dyn o gwmpas ei bethau
Holais ynghylch yr helfa:
Ymhle yr oedd lle i bysgota
Yn y topiau yma?
"Fan'cw, tu ôl i'r ysgol."

'Fan'cw' ydi brwyndir tenau,
Helyg a chors fas;
Lle purion i bennau byliaid,
Ond nid lle nodedig
O addas, rywsut, i Moby Dick.

Gwelais yr arf – yr enwair o gorsen
A llinyn cry'
(Oblegid nid â rhyw bry'
O beth y bydd yn rhaid ymdrechu).
Holais am yr abwyd;
A dangoswyd imi, mewn pot jam,
Fel dirgel bethau, fel cyfrinion,
Ddwy ddeilen letus a chyrins duon.

Gwenais. Ac yna aeth
Y tri oddi yma ymaith i bysgota.

Dywedais am yr antur,
A nodais y manylion
Am yr abwyd a'r gêr,
A gwenasom i gyd yn hapus
Ac yn gall.

Sioc braidd inni oedd hi pan ddaeth
Y tri llencyn yn ôl
A llenwi'r stryd ag eangderau o forfil gwyn,
Mynyddfawr. Moby Dick
Yn Efrestu at ein drysau ffrynt
Nes na allem ni ddim dangos ein trwynau
    diddychymyg
Gan jochiau anfesuradwy ei gnawd.

ABRAHAM AC ISAAC

Datrys Duw, chwilio i eithaf Paham
Y cread; dyna a roddwyd i rai,
Ac yn eu plith Abraham.

Un a fu'n gwrando'r distawrwydd,
Y tawelwch anfaterol,
A chlywed ynddo lais yr Arglwydd;
Un felly ydoedd Abraham.

Hen ŵr, hen gnawd
Wedi hir ymdeithio'r ddaear
Un dydd, un dydd enbyd,
Yn clywed y llais yn dywedyd,
"Cymer yr awr hon dy fab,
dy unig fab, yr hwn a hoffaist,
a dos i dir Moreia
ac ar un o'r mynyddoedd yno
yr hwn a ddywedwyf wrthyt
offryma ef yn boeth offrwm."

Yn yr hanes ni ddywedir dim am y nos honno,
Y tywyllwch hwnnw oedd y tu hwnt i eiriau,
Ond nodir, "Ac Abraham a fore-gododd."
Gwnaeth y pethau hynny
Y byddai dyn yn eu gwneud wrth gychwyn ar daith
      offrwm,
A dim ond efô a wyddai
Ystyr dychrynllyd y cwbwl.
Cyfrwyodd ei asyn,
Cymerodd ei ddau lanc gydag ef;
A'r mab, yr hwn a hoffodd.
Holltodd hefyd y coed, fel hollti ei einioes,
Ac yna efe a gyfododd ac a aeth.

Y trydydd dydd, ym Moreia,
Dyrchafodd Abraham ei lygaid
A gweld y lle,
Y lle na allai ei anifail na llanciau ei dŷ

Na neb, ond ef a'i fab, fynd iddo,
"Arhoswch chwi yma gyda'r asyn."

Coed ar gefn y mab;
Tân, cyllell – honno yn ei law ei hun.
Tân a chyllell y gwybod hefyd yn ei galon
Trwy'r dringo i'r lle hwnnw.

"Fy nhad," meddai'r mab –
Lleiddiad hefyd – ond dywedodd,
"Wele fi, fy mab."
"Wele dân, fy nhad, wele goed
Ond pa le mae yr oen?"
"Fy mab, Duw a edrych iddo'i hun
Am oen yr offrwm."

A daethant i'r lle,
Adeiladu allor, gosod y coed
Yn araf, mewn trefn.
Ac yna,
Yna gosod y mab,
Ei rwymo wrth y coed,
Edrych arno, ac estyn llaw
I gymryd y gyllell a lladd.

Yn y cyfyngder hwnnw
Torrodd hen ddealltwriaeth dynion:
"Na wna ddim iddo."
Ac wele gariad yno,
Yn hwrdd yn y drysni.

Datodwyd y mab, a datodwyd dyn
Yn yr adnabod hwn:
"Y dyn, cadw di dy fab.
Dacw'r hwrdd yn y drysni;
Dacw Grist yn y berth."

Ac Abraham a alwodd y lle hwnnw
Yn Jehofa-Jire,
Sef, heddiw, fel y dywedir,
"Ym mynydd yr Arglwydd y gwelir."

Y SÊR YN EU TYNERWCH

Diwrnod melyn o haf aeddfed
A hwnnw yn dirwyn i'w derfyn
Yn egnïon y creigiau duon
A draw ar y môr disglair.
Ac yna gorffwys o dywyllwch tyner
Yn taenu murmuron dros y byd
Ac yn llacio oglau'r gwyddfid yn yr ardd.

A dyma'r fam yn mynd â'i baban
Allan, am y tro cyntaf, i'r nos,
Ar yr awr pan oedd yr awyr yn dechrau sbecian
Yn fân, fân, fywiog.
A dyma'r bach yn sbïo, sbïo ar ryfeddod y ffurfafen
Ac yna'n dechrau chwerthin,
Byrlymu sêr a gyrglo goleuadau.
Roedd yr ardd fel pe bai'n llawn o swigod llawenydd
A'r rheini'n codi'n lliwiau; llewychiadau
Yn bownsio'n wreichion o gwmpas y nos.

Roedd hi'n un o'r adegau hynny
Lle byddai Luc wedi dweud am y fam,
Fel y dywedodd o am Fair,
"Hi a gadwodd y pethau hyn oll
gan eu hystyried yn ei chalon."

A phan oedd hi'n druan, yn hen
A'i chymalau wedi eu clymu gan y cryd
A'i mab, y baban hwnnw,
Yn alcoholig yn Awstralia,
Trwy niwl ei phresennol,
Trwy ddagrau pethau deuai
Cof am yr ardd honno, am nos o haf
Ac am chwerthin dan y sêr.

'DYDI ARWYR DDIM YN MARW

ELVIS   DEAD
           MORT
           MUERTE
           MARW

Mae'n anodd meddwl am Elvis marw.
Efô yr oedd bywyd yn gwingo trwyddo
A'i ganu trwy'r byd yn gyffro.
Gŵr y gitâr, y gloywder a'r goleuadau,
Hwnnw, yn farw.

Elvis oer, tew, marw.
Un a oedd, medden nhw,
Yn gibau o jync.

                 *   *   *   *

Yr ydym ar ein gwyliau yn yr Alban
Ac y mae fy mab, sy'n naw,
Yn darllen, yn Saesneg,
Mewn papur newydd tra phoblogaidd yn y wlad honno
Gyfres o adroddiadau sy'n canolbwyntio braidd
Ar Elvis y twchu a'r tabledi
A'r hwrio ar fideo.

Y mae fy mab yn deall digon
I weld arwr yn dadfeilio:
'Dydi o ddim wedi ei blesio.

Y mae'r pwnc yn codi eto, yn nhŷ cyfaill
Sy'n prynu papur mwy syber
Na'r un a gawsom ni.
Gwelwn yno nad oes fawr o sôn am Elvis a chyffuriau,
Fawr o sôn am ei strach.
Cyfeirir yn fyr at ryw salwch.

Ar y ffordd yn ôl mae fy mab yn gofyn,
"Am ei fod o'n sâl, ynte,

Yr oedd Elvis yn byta drygs ac yn llyncu tabledi,
Pethau oedden nhw at ei gadw fo'n fyw?"

Ymhen deuddydd wedyn
Dyma fo'n gofyn am ffilmiau,
"Fyddan nhw'n peidio â dangos lluniau Elvis
Rŵan a 'fynta 'di marw?"
"Does dim rheswm dros beidio.
'Wnan nhw ddim peidio."
"Os byddan nhw, felly, yn dal i'w dangos nhw
Ymhen tipyn 'fydd yna neb yn cofio,
Yn na fydd, fod Elvis wedi marw."

       *   *   *   *

Dim o'r tew a'r tabledi, diolch,
Dim o drai heneiddio
Ond y peth byw,
Y gŵr ifanc â'r gitar, y gloyw hwnnw
Yn siglo yn y goleuadau,
Elvis nad ydi o ddim yn marw.

'Dydi arwyr ddim yn marw.
Ddim pan ydych chi'n naw oed.

179

CROCODEIL

(I Gwilym O. Roberts)

Wedi i'r ffrwtian cyntaf arafu
Ac i wres y nefoedd oeri yn ein byd,
I fŵd y cyntefigrwydd,
I'r saim cynhenid hwnnw,
I lymru einioes y piciodd ffurfiau;
Smiciau bychain i ddechrau,
Pitw, pitw; pytiau pitw o fyw.
Ac o wingo'r jeli cyntaf hwnnw
Y plyciwyd pethau o gorn ac asgwrn,
Megis y brontosawrws, tyranosawrws a'r crocodeil.

Olion o draed, a darnau,
Ysgerbydau eu bodolaeth yn unig
Sydd bellach ar ôl o'r brontosawrws o'r tyranosawrws
Ond, fel yn hen filiynau ei flynyddoedd, deil
O hyd y crocodeil
I gynffoni ei ffordd trwy ddyfroedd y byd.

Hwn, hen, hen,
Ond yma o hyd
Yn ei lurig gnotiog o groen egr
Yn agor ei geg ar y byd.
Safn angau,
Gall hi gau'n glep
Yn glo anagoradwy.
Hwn, efô, ydyw rhychor ofnadwy y dyfroedd.

Ond, wyddoch chi, ar lannau'r Neil
Ac yn America Ganol gwelwyd y crocodeil,
Y grym angau hwnnw,
Yn llafurio'n oediog, yn trymdroedio rhwng ei nyth a'r dŵr
Gan gario ei rai bach yn dendar a di-nam
Yn ei safn ddychrynllyd, mor dyner ag unrhyw fam.

Yn yr anhrugarog, yn y tranc garw,
Yn y diffeithiwr y mae ei ben yn bwn

O farwolaeth, yn y drylliwr enbyd hwn
Y mae edafedd o drugaredd.

Ystyriwch y fflach hon o gariad mewn mater,
Yr ysbrydol yn ysgytwol bresennol
Yn y cryfder a'r creulonder angheuol,
Fel gwres y nefoedd o hyd
Yn dal yn wydn yn y byd.

Yn America Ganol ac ar lannau'r Neil
Gwelwyd cip o Dduw yn y crocodeil.

(Mewn rhaglen deledu'n dwyn y teitl 'Horizon' y gwelwyd y crocodeil yn cario ei rai bach yn ei safn.)

Y CI TU HWNT I ANGAU

(I'r Athro Alun Llywelyn-Williams)

A dyma fi at ŵr
Yr oeddwn i
Yn hir wedi dymuno ei glywed
Yn darllen rhai o'i gerddi.

Gosod y tâp i droi,
Ac yntau yna'n llefaru
Cyfaredd ei farddoniaeth
Yn odiaeth. A dyna'r llais
Wedi ei gloi i'r dyfodol.

Ar y canol dyma fi
Yn clywed ci, yn cyfarth
O rywle arall yn y tŷ.
Mot.

Ymhen tipyn wedi hynny
Bu farw'r hen gi –
Hwnnw fu'n cyfarth yn y tŷ
Pan oedd y tâp yn troi.

Ac aeth blynyddoedd heibio.
Un dydd, wrth ddarllen ac astudio
Gwaith y bardd dyma fi eto
Yn estyn y tâp a'i osod i droi
Ac yn adfer y prynhawn hwnnw.
A daeth eto lais, eto lefaru
Cyfaredd y farddoniaeth.
Ac yna, yn y cefndir, gyfarth.
Mot:
Y ci tu hwnt i angau
Yn cyfarth trwy y geiriau.

O'i droi, daw o'r tâp
Y marw'n fyw,
A bydd y bardd a minnau,

Ar bwyso botwm, yno'n iau.
A daw'r prynhawn trwy'r peiriant
O'r gorffennol i bresennol
A oedd, un tro, 'n ddyfodol.

A rhag ei waethaf, wrth iddo wrando,
Y mae dyn yn cael ei demtio
I deimlo fod chwarae bywyd yn ei ôl
Yn rhywbeth mwy na champ dechnegol.

Y DIWEDDAR FFREDRIG TJIPS

Cyn belled ag yr ydym ni yn y cwestiwn
Yn Ffair Borth y cychwynnodd hwn,
Yn ddienw, ei yrfa.
Tair dart i dri cherdyn, a dyna fo
Yn eiddo i ni. Mewn dŵr mewn cwdyn plastig
Fe gawsom sglein eurgoch o sgodyn.

Mae cario hanner peint o ddŵr mewn plastig
Drwy ddwndwr a thrwy wthio tyrfa
Yn gelfyddyd go ffantastig,
A 'dydi hi ddim yn syndod
I ni gyfaddef ein bod
Wedi methu yn hyn yn drybeilig.

Cyn cyrraedd pen y stryd
Roedd rhwyg yn y croen plastig
A gynhaliai enaid ein sgodyn,
A diferai ei einioes ohono
Yn ddafnau gwlyb hyd ein dwylo.

Mewn argyfwng y mae dyn
Yn stryffaglio i golledigaeth
Neu'n dyfeisio tua iachawdwriaeth.
Dyfeisio fu hi yma:
Fe droes bocs tjips carbod
Yn foddion i warchod
Bywyd ein pysgodyn.
Yn ei haenen o ddŵr gorweddai
Yn arch ei iachawdwriaeth.

Ac o'r achos hwnnw
Y cafodd o'i enw:
Ffred Tjips.

Bu fyw am ddwy flynedd
Yn gwmpeini tawel yn y tŷ.
Mae'n beth ód, efallai,
Ond y mae dyn yn dod
I adnabod hyd yn oed bysgodyn.

Gwaelu, ac asgellu ar ŵyr
Fu hi arno am dipyn yn y diwedd,
Ac yna marw.
Y diweddar Ffredrig Tjips.

Yn yr ardd, wrth ymyl y rhosod,
Claddwyd yr hen gydymaith
Yn anrhydeddus ond yn syndod o ddisentiment,
Heb nac ubain na llygadau llaith
Eithr gan lawn ddisgwyl gweld rhyfeddod
Yn y man: dim llai na choeden bysgod.

Y DYN PESTRI

Mae i bestri ei atyniadau.
O leiaf y mae acw un
Sy'n suo o'i gwmpas fel gwenyn
Bob tro y gwneir o.

Mi fynnith dylino dyn pestri,
Ei dylino a'i dylino nes y bydd o'n duo
Ac yn gwneud i haearn Sbaen,
O'i gymharu ag o,
Ymddangos mor gadarn â mŵd.

Ac yna wedyn
Fe anrhydeddir y ffefryn –
Pwy bynnag fydd hwnnw –
Â'r pestri hwn ar lun dyn.
Ac mi sefith y gwneuthurwr yno
Yn gwylio er mwyn sicrhau
Eich bod chi'n mwynhau
Pob cegiad ohono
A'ch bod, yna, yn ei gymeradwyo.

Er mawr werthfawrogi'r fraint
Efallai nad yw'n annealladwy
Ein bod, yn tŷ ni,
Yn gwneud ati i ddiflannu
Pan fydd y dyn pestri
Ar orwel ein bodolaeth.

Daeth, un dydd, wneuthurwr y dyn
Pestri at y bwrdd a dal ei fam yno.
Ac yn ddiatreg mynnodd gyflwyno
Iddi ei greadigaeth ddiweddaraf.
Plediodd hi ei hannheilyngdod
I gael ei breinio yn y cyfryw fodd
Ond yno, ar blât o'i blaen hi,
Yr arhosodd y dyn pestri.

Wedyn daeth yno
Dad crëwr y dyn pestri

Ac ymdrechodd yn deg i guddio
Ei ryddhad gyda geiriau fel, "Biti,
A finnau wedi edrych ymlaen amdano."
A chan ddwys longyfarch ei gymar
Aeth i'r cefn i roi briwsion i'r adar
Ac i chwerthin ar y slei.

Ond tra bu o yno, yn y cefn,
Bu newid sylfaenol yn y drefn.
I dawelu dwndwr
Rhoes y fam wadan
I wneuthurwr y dyn pestri
Efo diddos y tebot.
"O ddyn pestri, be wna i hebot!"
Ebychai'r fam wrth weld y dyn
Pestri'n cael ei symud o'i lle hi ei hun
I le y tad wrth y bwrdd.
Gan deimlo'n gadwedig, hwnnw a ddychwelodd
A chael ffit binc, bron, pan eisteddodd
Wrth y bwrdd a gweld y dyn pestri
Yn gwenu arno o ganol y llestri.
"Chdi biau hwn'na dad:
Dwi 'di cael clatjian efo'r tî-cosi."

A gosododd y gwneuthurwr ei hun
Fel barcud ynglŷn wrth ochr y bwrdd
A mynnu aros yno i weld ei dad wrthi
Yn gwerthfawrogi pob briwsionyn o'r dyn pestri.

Drannoeth, ar ôl i'w dad – am ryw reswm – wylltio,
Meddai'r gwneuthurwr yn edifarhaus wrtho,
"'Swn i'n gwybod dy fod di
'n mynd i wylltio efo fi
'Sat ti ddim wedi cael y dyn pestri."

Byth ers hynny, pan fydd acw gwcio,
Y mae'r tad hwnnw yn dueddol o wylltio.

CROESI TRAETH

Yr oedd hi, y diwrnod hwnnw,
Yn ail o Fedi.
A dyma ni, fel teulu,
Yn penderfynu mynd i lan y môr.

Yr oedd hi, y diwrnod hwnnw,
Yn heulog ond fymryn yn wyntog.
Dros y traeth mawr, gwag
Ysgydwai'r gwynt loywderau'r haul,
Chwibanai ei felyn dros y tywod,
A disgleiriai'r dŵr ar ei drai pell.

A dyma ddechrau gwneud y pethau
Y bydd pobol yn eu gwneud ar draethau –
Rhawio tywod;
Rhoi'r babi i eistedd yn ei ryfeddod
Hallt; codi cestyll; cicio pêl.
Mi aeth yr hogiau, o gydwybod,
Hyd yn oed i ymdrochi, yn garcus.
Ond yr oedd hi, y diwrnod hwnnw,
Yn rhy oer i aros yn hir yn y dŵr.
Safwn innau yn edrych.

Daethant o'r môr yn sgleinio a rhincian
A chwerthin a sblasio;
Ac wedyn dyma nhw'n rhedeg o 'mlaen i
Ar draws y traeth maith
At eu mam, at eu chwaer,
At ddiddosrwydd a thyweli.

Dilynais innau o bell.
Ond wrth groesi'r traeth, tua'r canol,
Dyma fo'n fy nharo i'n ysgytwol
Mai un waith y mae hyn yn digwydd;
'Ddaw'r weithred hon byth, byth yn ôl.
Mae'r eiliadau sydd newydd fynd heibio
Mor dynn â'r Oes Haearn o fewn tragwyddoldeb:
Peth fel'ma ydi ein marwoldeb.

A theimlais braidd yn chwith yn fan'no –
'Ddigwyddith y peth hwn byth eto.

Ond dal i gerdded a wneuthum
A chyn bo hir fe ddeuthum yn ôl
At y teulu,
At y sychu stryffaglus a'r newid,
At sŵn y presennol.
A rhwng tyllu tywod
A chrensian drwy frechdan domato
A cheisio cysuro'r babi
Fe aeth y chwithdod hwnnw heibio.

Yr oeddwn i, fel yr oedd hi'n digwydd,
Y diwrnod hwnnw yn cael fy mhen blwydd
Yn ddeugain ac un.

Y mae hen ddihareb Rwsiaidd sy'n dweud,
"Nid croesi cae yw byw."
Cywir: croesi traeth ydyw.

Symud y Lliwiau

(1981)

TRA BO'N GWAEDU ROSYN ABERTH

Cyn dewis ffordd trais ynglŷn
Ag unrhyw beth yn y byd
Dylai pob dyn
Edrych ar ŵr, ar wraig, ar blentyn
A medru dweud wrtho'i hun:
"Yr wyf, yn awr, yn fodlon
Taflu hwn i'r tân."
Bydd pethau'n haws wedyn.

Wedyn bydd hi'n bosib
Manteisio ar y diniwed;
Dewis dyn, rhoi bom yn ei ddwylo,
Ei ddarbwyllo, neu ei dwyllo –
Heb iddo hanner deall –
Fod dinistrio dros Yr Achos yn gyfiawn
A mynd wedyn oddi yno, yn ddiogel,
A'i adael ef i ffwndro
Ac i'w ffrwydro ei hun hyd waliau
Nes na fydd dim ar ôl ond darnau.
Un dyn; a dim ond darnau
Ar ôl ohono i arswydo'r waliau.

Tra bo'n gwaedu rosyn aberth
Fe all pryfyn duaf distryw
Besgi yn ei glwyfau prydferth:
Enbyd o brydferthwch ydyw.

YDWYF

Y gorwedd hwn
Ynghwsg bach
Mewn pletiau o ddiniweidrwydd,
Ynghwsg; ynghwsg.
Y gorwedd hwn.

Y gwanwyn yn wyn,
Yn wyn; yn prancio'n wyn,
Yn rasio'n wyn trwy fyd gwyrdd.
Cynffonau llawenydd
Yn carowsio. Y gwair,
Egin y dail, yr awyr, yr haul hefyd
Yn cadw reiad:
Popeth fel plant bach yn chwarae.

Yr haf yn afon drom
A llwythau disgleiriadau arni,
Yr haf yn afon yn llifo.
A dolydd o'i deutu a'r rheini
Yn aur twym yn tywynnu.
Rhosyn coch, rhosyn coch,
Coch a'i wefusau gloyw
Yn agor i'r pelydrau melyn
Gyffwrdd ei galon, sy'n iasau
Cyfrin ym mhlygion glwth ei betalau.

Ymchwydd o frown a goludoedd aur,
Gwyn toreithiog y meysydd,
Ac olion gwaed.
Llafn cyllell oer ym mawrhydi'r flwyddyn,
A'r harddwch yn dechrau pilio –
Fel petai pethau'n ganol oed.

Y byd yn grwm dan oerfel
A charpiau ei groen o'n cael eu plicio oddi arno
Hyd at y noethni eithaf,
Hyd at y llymder sy'n llymder at asgwrn.
Y mae'r flwyddyn yn troi

Hyd at ei gorwedd hen, diwethaf,
Hyd at y gorwedd hwnnw.

Y gorwedd hwn,
Y gorwedd newydd hwn,
Y bach ynghwsg ym mhletiau ei ddiniweidrwydd.
Dyma'r presennol, dyma'r anfarwol
'Ydwyf' rhwng y 'Bu' a'r 'Bydd',
Dyma'r byw sy'n dragywydd.

DODGE CITY

Metel, gwydyr, concrit, a ffrydlif
Ceir; gwasgfa'r ugeinfed ganrif,
Dyna sydd yno'n anniben,
A'r carbon yn tagu'r heulwen.

Ond y tu hwnt i'r golwg,
Yn lân loyw, yn ddi-fwg
Y mae paith anfarwoldeb
Lle mae'r gwair fel sidan, lle nad oes neb
Yno, yn y tir hwnnw, nad ydi o'n arwr. Yno,
Yno y mae Sitting Bull a Geronimo. Yno,
Yno y mae Doc Halliday, Wyatt Earp, a Bill Hickok.
Ac yno, yn y tir pell, o hyd yn oedi
Mewn bodolaeth y mae yntau, Buffalo Bill Cody.

Y rhain a'n dwg ni o balmant caled ein hoes
I fyd lle'r ydym ni i gyd yn blant.

GOLCHI DWYLO

Efô, ar stôl i'w godi i uchder priodol;
Efô, â'i sylw ar y sinc
Mor gysact â dyn-trwsio-watjis:
Beth yw hyn?

Dŵr: dyfnder, dwy fodfedd.
Dŵr: tymheredd, cynhesol.
Seboni: cymhedrol.
Felly golchi dwylo sydd yma!

Ond ble mae'r monswn beunyddiol?
Pam, yn siŵr, nad ydi'r bathrwm dan ei arferol
Swisiau haelionus o ddŵr?
Onid oes yma nodweddion bendithiol
Amgylchiad mor gwbwl anarferol
Nes ei fod yn digamsyniol
Haeddu'r enw 'hanesyddol'?

Ond sylwer nad yw'r dwylo
Yn mynd dros eu pennau i'r dŵr:
Y cledrau'n unig a ddodir
Yn dirion, yn dyner iawn ynddo.

Gofynnaf finnau iddo esbonio:
"Be 'di hyn? Be 'di'r gofal?
Beth yn hollol ydi'r achlysur
Hwn sy'n deilwng o'i nodi mewn dyddiadur?
Y dwylo 'na, pam fel 'ma?"
"Wel 'wyt ti'n gweld – wel sbïa –
Dydi'r cefna' ddim yn fudur."

ARWYDD

Llyfrau yn y tân.
Y mae enbydrwydd y llosgi
Fel erioed, fel erioed, yn arwydd.
Yn y nos, o gwmpas, y mae llygaid disglair
Yn llawn o angerdd dinistr.

Daeth eto y dioddefaint hwnnw
Y mae hanes yn waedlyd ohono,
Daeth eto yr ildio i ddistryw.
Mae cŵn-lladd y fall
Allan ym meysydd y ddynoliaeth
A'r gwanwyn creulon ynghanol yr ŵyn.
Ac ar ein clyw daw chwerthin gwallgof
A wylofain rhai bychain.
Y mae'r wawr dywyll yn drwm yn y dwyrain.

Yfory,
Pobol yn y tân.

WEDI BYW

Trwy'r ddrama y mae Hamlet
Yn chwilio am ryw dynfa yn y byd.
Trwy'r ddrama y mae'n chwilio am rywbeth mewn bywyd
A all gynnal ei fodolaeth.

A dydi llofruddio ei dad
Na godineb ei fam
Na chariad Ophelia –
Pethau o ysgytwol bwys
Fel y buasai dyn yn tybio –
Ddim yn ddigon i'w wreiddio
Yn yr ardd astrus, fras-arswydus
Yr oedd o yn ei galw yn fywyd.
Yr oedd o yma heb ei angori
Mewn môr diffaith o fodoli.
Ddarfu o ddim magu diddordeb,
Fel y byddwn ni'n dweud, 'I'w gadw i fynd' –
Efô â'i einioes ddisberod, efô y colledig.

Felly cymerwch gysur,
Hyd yn oed os mai tyfu nionod,
Neu fagu cwningod, neu roi llongau mewn poteli
Sydd â'i afael ynoch chi, rydych chi'n gadwedig,
Rydych chi yn y goleuni, yn medru ofni'r bedd,
Yn medru arswydo rhag y diwedd.
Hynny yw, rydych chi wedi byw.

SIGLWYR RHODODENDRON

'One could do worse than be a swinger of birches.'
ROBERT FROST

'Gallai dyn ei gwneud hi'n waeth na bod yn siglwr bedw.'
Megis, er enghraifft, fod yn siglwr rhododendron.

Canol Mai, ar ôl te, ydi amser y stori hon,
A'r fangre oedd y lle a elwir yn Stesion Fain.
Y stesion honno, hir oedd hi
A rheiliau trên bach Stiniog trwyddi.
Ar odre'r lein, rai llathenni'n is,
Yr oedd mwd gludiog, du, anghynnes,
Teilwng o Gors Anobaith Bunyan,
Ond un a guddid â grym gwyrdd
Coed rhododendron. Ac, yn eu pryd, byddai myrdd
O binc a choch a gwyn yn ffrwydron ymerodrol
Yn blodeuo'r lle ac yn gweddnewid y llaid.

Un dydd, ynghanol Mai, daeth dau i'r stesion
Yn ieuenctid eu hoes, ar antur draw tua'r rhododendron.
Sef a oeddynt, Brian Morris ac adroddwr hyn o hanesyn.
A dyna a ddigwyddodd wedyn –
Gweld o'r ddau ddwy gangen braf,
Gyfochrog ar y diwrnod hwnnw o haf
(Diwrnod nad oedd yn un hynod o braf,
A dweud y gwir:
Doedd dim haul godidog etc. yn yr awyr glir,
Nac wedi bod am sbel go hir, fel y da cofiaf . . .)
Sut bynnag, gwelwyd dau gyfochrog bren
Cydnerth, praff, sigladwy uwchben
Y mŵd gludiog, du, anghynnes
Y dywedasom ni amdano uchod.

Y person anrhydeddus hwn (fi felly)
A fentrodd gyntaf fry i'r cangau
Ac yno, mewn lle deiliog gwyrdd,
Dechreuodd siglo'n hoyw ynghanol myrdd

197

Y blodau (nad oedd yno
Ar yr adeg honno o'r flwyddyn –
Ond y mae ambell fanylyn barddonol
Yn help i roi lliw i'r chwedl wreiddiol)
Gan sefyll ar y gangen isod
A gafael yn y gangen uchod.
A chael hwyl fawr a wnaeth efô
Yn y cangau yno'n siglo.
Sef a wnaeth o wedyn, stopio,
A gadael i Brian Morris
(A oedd, erbyn hyn, yn dra awyddus
I ddod fry) esgyn gydag ef i'r cangau.
A deuawd, wedyn, ydoedd yno
Ar y rhododendron gwyrdd yn siglo.

Diau y gallai hyn o ddydd
Fod yn llawn o'r llawenydd
Coll, pellennig hwnnw yn y coed
Sy'n bwn o hiraeth ar y canol oed,
Eithr pwy a ddaeth yno, fel y sarff i Eden,
A mynnu ymuno â ni ar y goeden
Ond Cyril Lêw. Y Cyril hwn
Oedd ryw flwyddyn neu ddwy
Yn hŷn na ni oedd yno'n siglo
Ac yn un a oedd, yn sgîl ei oed,
Rywfaint yn drymach na'r ddau yn y coed
(Ac yn uffar' gwirion, os bu un erioed).
Y Cyril hwn a ddug ei bwn
I gyd-siglo â ni ar y cangau.
A thriawd, wedyn, ydoedd yno
Ar y rhododendron gwyrdd yn siglo.

"Ai crac a dorrodd drwy y cread?"
Oedd y myfyrdod byr o hanner eiliad
A aeth yn sydyn trwy fy mhen
Cyn bod sblash a swn o slwtj
Yn llempian danaf dan y pren.

Yn ddiatreg llemais i,
Yr uchaf un o'r cyfryw dri,
Yn glir o'r lle a sefyll yno ar y lan
Yn ddi-smotyn i estyn cymorth i'r ddau greadur aflan,
Y ddau a oedd yn ymdrybaeddu
Yn y mwd gludiog, du, anghynnes
Y soniwyd eisoes amdano yn yr hanes.

A thynnais i fy nghyfaill Brian
Yn gyntaf allan o Gors John Bunyan.
Yr oedd o – mae hyn yn bader –
Yn llaid ar ei hyd at ei union hanner.
Hynny yw, roedd ei wyneb yn lân ond ei wegil yn gabŵtj
    anhygoel,
Roedd ei fol yn ddifefl ond ei gefn yn llanast o uwd du,
Blaen ei draed mor ddilychwin ag oedd yn arferol
Iddynt fod, ond ei sodlau'n dangos ôl digamsyniol
Ei gwymp i'r stwff tew, annymunol,
Lympiog, du yma'r ydw i wedi'i grybwyll deirgwaith.

Ond er hyn, yr oedd un a oedd yn waeth
Ei gyflwr na'm cyfaill Brian.
O'r dyfnderoedd wele Cyril yn dyrchafu
Fel ymgorfforiad o *The Mummy* (gyda Boris Karloff),
Neu'n rhagordeiniad o *The Creature from the Black Lagoon*.
Yma ymadawaf â thraethu cymharol:
Digon yw dwedyd y byddai ef
Yn hollol gartrefol mewn unrhyw hunllef.
Y cyfryw olwg ar fod dynol
Ni welwyd y tu yma i'r ffwrnais uffernol.
Symbylwyd fi gan syndod ei olwg
I gynnig geiriau o gyngor gor-amlwg
Fel, "Mi fasa'n well i ti fynd adra."
Ni wn a glywodd, gan y mwd yn ei glustia',
Ond dechreuodd Cyril ymlwybro tua'i dŷ
Ar ystum pengwyn yn bwrw'i blu.
Fe euthum i â Brian i'n tŷ ni
I geisio golchi oddi arno olion
Y siglo alaethus ar y rhododendron.

Mae moeswers sicir yn y stori hon:
Cedwch yn glir o rododendron;
Ac os oes atyniad i chwi yn y cangau
Siglo ar fedw sydd gallaf, yn ddiau.

HEN FAM

Gorweddasai, gorweddai, gorwedda yno
Fel mamba, yn wyrdd wenwynig,
Gan ddal ei merch ieuengaf mewn hypnosis o lid
I symud o'i chwmpas mewn defosiwn
O dendio arni.

Deuai'r ferch hynaf weithiau
Yno gyda'i gwallt llyfn a'i blodau
I ddangos y plant a chael te,
A mynd. A byddai'r mamba'n
Edliw i'w gwasanaethferch ei llwydni
Ac yn moli Anthony a Shirley.

A phan ddarfu, o'r diwedd, ei hisian;
Pan lithrodd hi'n hir, gyndyn i'r pridd
Fe adawodd hynny oedd ganddi
I'r ferch hynaf ac Anthony a Shirley.

Ac mewn congol o'r tywyllwch tanddaearol
Y mae yna dorch ddu
A dau lygad bach coch gan ddiffyg serch
Yn llosgi gan gasineb croyw mam at ei merch.

O FARW'N FYW

Neb,
Does yna neb,
Neb, neb all osgoi
Y troi hwnnw i wynebu'r tywyllwch,
Y troi hwnnw i'r tywyllwch
Sydd dros riniog y drws diwethaf,
Tywyllwch anorchfygol
Y mynediad terfynol.

*   *   *   *

Y dydd cyntaf o'r wythnos,
A hi eto yn dywyll, daeth Mair at y bedd,
Y bedd hwnnw oedd wedi ei gloi, ar ôl Golgotha,
Â maen: lle tywyllwch y meirw.

A phan ddaeth y bore hi a ganfu,
Yn ei oleuni,
Rym y maen wedi ei dreiglo ymaith,
Ac yr oedd y bedd yn agored.
Datgloi angau a fu yno,
Troi'r allwedd ym mhyrth marwolaeth
Ac agor y tywyllwch.

Ond pa feidrolyn, yn y dyddhau hwnnw,
Na fuasai, â'i amgyffred cnawdol,
Yn meddwl mai dynion fu yno,
Dynion yn ysbeilio?
Ac wedi rhedeg ar frys at y disgyblion
Dywedodd hi, "Hwy a ddygasant yr Arglwydd ymaith."

Ar redeg y daethant, Mair a'r ddau ddisgybl,
Yn ôl at y bedd, ac angau –
Yn naturiol – yn dynn yn eu meddyliau:
"Pwy a ddug yr Arglwydd ymaith?"

A'r ddau ddisgybl a aeth i'r bedd.
Yno yr oedd llieiniau y marw

Wedi eu gosod o'r neilltu
Ac yr oedd y napcyn a orchuddiai yr angau, yn daclus,
Wedi ei blygu mewn lle arall.
Yr oedd popeth yno mewn trefn.
A'r ddau ddisgybl a ddaeth allan o'r bedd
Yn llawn gorfoledd yr atgyfodiad.

Ond Mair oedd y tu allan yn wylo.
Yna'n araf, heb yn wybod, ymostyngodd;
Aeth i lawr at y farwolaeth a ddug ei Harglwydd ymaith.
Yno yr oedd dau, yn ddisglair,
O'r tu draw i angau,
Gyda hyder anfarwoldeb yn eistedd
Yno, yn y bedd, un wrth ben ac un wrth draed
Y lle y dodasid y corff.

"O wraig, paham yr wyt ti'n wylo?"
Y ddau a oedd yno ni wyddent
Am wendid ein cnawd dynol,
Am farwolaeth, am amheuaeth, am hiraeth.
"O wraig, paham yr wyt ti'n wylo!"

Yn ei hamheuaeth o hyd,
Gyda'r farwolaeth yn ei chalon o hyd
Hi a ddywedodd, "Am ddwyn ohonynt hwy
Fy Arglwydd ymaith."

A hi, drach ei chefn, a welodd un yn sefyll.
Â'r farwolaeth ynddi, gyda'r hiraeth yn amdo amdani,
Wedi ei chloi'n dynn yn ei hamheuaeth
Hi a dybiodd mai'r garddwr oedd yno.
Gan hwnnw, yr un cwestiwn eto: "O wraig,
Paham yr wyt ti'n wylo?"

"Syr," meddai hithau, "Syr,
Os tydi a'i dygaist, dywed wrthyf
Pa le y dodaist ef."
O hyd, y marw yn ei meddwl;
O hyd, yr hiraeth trwm am y croeshoeliedig.

Yna dywedodd y dieithr hwnnw,
Yr un oedd yno'n sefyll, "Mair."
Un gair, "Mair", a'r marw
A gyfododd yn fyw.
Un gair a gyrrwyd
Egni bywyd fel gwayw egr
Trwy rym marwolaeth.
Trwy gyrbibion angau, yn ysgubau distryw
Gwelodd Mair y Duw byw.
Un gair a dorrodd ei hiraeth,
Un gair a drywanodd ei holl amheuaeth,
Un gair a ebilliodd trwy dywyllwch y farwolaeth
Dynn oedd amdani fel maen du.
A hi a esgynnodd o'r bedd.

*   *   *   *

Un, daeth un yn ôl
Dros riniog y tywyllwch;
Daeth un yn ôl.
Dros ffin y cnawd marwol
Y mae tystiolaeth, y mae
Tystiolaeth fod yno oleuni sy'n anorchfygol.

WIL DRAENOG

Y draenog yma;
Tua naw bob nos
Mae 'Macnabs' yn ymddangos
I gael golwg ar ei stad.

Ar y dechrau mi fyddai'n siglo dŵad
Ar dryfrith byr ei draed
Un ai'n warrog, wyliadwrus
Ar draws yr ardd gefn
Neu'n ochelgar, gyda'r gwrych,
Gan sbïo'n drwynol heibio'r coed pys
Neu sbecian allan o dan Ladi'r India
Cyn ffrwtian symud i'r llwyn nesa.

Anodd iawn fyddai i ddraenog
Gael ei ddisgrifio o gwbwl fel 'talog'
Ond yn wir, erbyn hyn, mae o'n magu hyder.
Ac er na wnaiff o byth bythoedd fwrw'i bryder
Y mae o'n mentro dan y ffenest laes
I gael golwg arnom ni, neu mi fydd
Yn estyn ei ben, rydw i'n siŵr, i weld be sy ar y teledydd.
Wedyn mi helith ei draed, gan stopio
Weithiau i snwyro'n fusneslyd wrth fynd heibio.

'Ei stad,' meddaf fi, yn goeglyd,
Achos onid ydym ni dan faich o forgais
Yn gwneud cais lew i'n perswadio ein hunain
Mai ni biau'r lle.
'Ein stad ni.'

'Ein stad ni!'
Fel yr ydym ni, y ddynol ryw,
Yn ei lórdio hi yn y cread!
Mae hawl Wil Draenog i'w ystad
Gystal â'n un ninnau.
Cyd-ddeiliaid, dyna'n unig,
Cyd-ddeiliaid yn y byd dros dro,
Cyd-ddeiliaid ydym ni a fo.

Ladi'r India = hydrangea

WHIW

"Huw" ydi'r enw anhawsaf.

Dangosaf i fy hogan ddwyflwydd, fach
Lun yn yr *Herald* o griw uned feithrin yr ysgol
Ar ddiwrnod pan ddigwyddodd hi daro i mewn.
A dyma hi'n dechrau dweud wrthyf
Pwy ydi pwy.

Cyfeiriaf at y llun.
"Be," meddaf fi, "be ydi ei henw hi?"
"Lowri."
"A'i henw hithau? Hi ydi . . .?"
"Llinos."
"Hawys," wedyn, yn hawdd.
"A fo, ei enw fo ydi . . .?"
"Tirion."
Cyfeiriaf eto a gofyn, "A?"
"Llywelyn," – yn llawn fel'na;
A daw "Dyfrig" yn llond ceg.
"Ac yntau; ei enw?"
"Wow."
          "Na."
"Wa."
          "Na."
"Wyw."
"Huw," meddai ei mam.

Ond enw ydi "Huw" lle mae'r llafariaid
Yn woblo ynddo.
Maen' nhw yno, mae'n wir,
Ond yn fflownsio'n ansefydlog, yn iodlo o gwmpas.
Enw yw "Huw"
Sy'n "symudaw llythrennau"
Fel y dywedai'r Mabinogi.
Ac enw yw, fel y dywedai hi,
Enw yw "Huw" sy fel jeli.

Mae'n rhaid ichi fod yn fwyw
Cyn y medrwch chi ddweud "Huw".

TUA'R DIWEDD

They must to keep their certainty accuse
All that are different of a base intent . . .

W. B. YEATS

"Y fi," meddai fo
(O fathau amrywiol)
"Dim ond y fi ydi'r unig Gymro
Sy ar ôl.
Mae pawb arall yn fradwr,
Yn llyfwr a chachwr
Neu (oedaf yma i boeri) yn dderbyniwr
Un o grantiau Cyngor y Celfyddydau.
Mae pawb wedi ildio i swynion estron
Neu'n gaeth dan lywodraeth y Saeson.
Pawb ond y fi.

Does gen i fawr o feddwl o Gwynfor,
Does gen i fawr i'w ddweud wrth D.J.
A fyddwn i ddim, o ddewis,
Yn dymuno canmol Saunders Lewis.
Ac rydw i'n wir, erbyn rŵan,
Yn dechrau amau Dafydd Iwan.

Pwy sydd ar ôl ond fi fy hun
Yma, yn unig, yn genedl-un-dyn!"

*   *   *   *

Tua'r diwedd bydd yna bwll llidiog
Lle bydd casineb wedi'i hel yn slŵod duon llithrig,
Yn plethu trwy lysnafedd gwenwynig ei gilydd.
A bydd y rheini'n chwibianu eu cynddaredd seithug,
Yn moedro ym miswail bodolaeth,
Yn allwyngythruddo ynddo,
Yn tasgu trochion, ac egruwynnu
Yn ddylanw o ewyn tew o gelwyddau a hunangyfiawnder.

206

Tua'r diwedd bydd creaduriaid y gwaddod
Yn troelli yn saim eu heiddigedd eu hunain
Ac yn lladd y peth byw gyda'u hanobaith.
Yn y dyddiau slebog hynny,
Ym merddwr diwethafiaeth enbydus
Ni fydd egni i ddim ond i farw'n drafferthus.

Y Gymraeg, tua'r diwedd,
Dim ond yr ynni tywyll fu ynddi trwy feithder ei bodolaeth
Fydd ar ôl i waelodi yn egr ar gyfer ei marwolaeth.
Ac wedi'r byw golau trwy'i thrychinebau maith
Diffodd du fel hyn fydd diwedd yr iaith.

Y BWRDD BILIARDS

Rywfodd fe lwyddodd Santa
I haldio drwy'r simna',
Trwy'r mwrllwch cul a'r parddu
Fwrdd biliards, a hynny
Heb farcio dim ar ei ardderchowgrwydd
Mahogani a gwyrdd.

Llawenydd plant: y mae hynny
Yn hawdd i'w ddychmygu;
Ond dacw daid a dacw dad
Yn hoywi. Dacw bedwar llygad
Pwl, hynafol yn dechrau dadebru,
Gwanwyno eilwaith o weld yn y tŷ
Fwrdd biliards.

Gosod y bwrdd yn gysact o wastad
Ac ymroi iddi, wedyn, gydag arddeliad
I adeinio'r bêl wen dros y bwrdd gwyrdd
A sgrialu'r lliwiau drosto'n fyrdd.
Yna, ymgysegriad o ganolbwyntio
Wrth syllu hyd y ciw i botio:
Ergyd galed i bocedu,
Neu gusan dinfain i asgellu
Snwcer i achub y sefyllfa, felly
Yr oedd hi.

Ond yna, atolwg,
Wele'n chwaer bach yn dod i'r golwg.
Atgyfodai cochion pocededig
Yma ac acw yn annhymig.
Dadsnwcerid gosodiadau
Olygodd firain gyffyrddiadau.
Ac, i'r gwrthwyneb, diflannai peli oedd yn gori
Yng ngheneuau y pocedi,
Peli na allai hyd yn oed ŵr annhechnennig
Wneud un dim ond eu cyfri'n galennig.

Wedyn – A! wedyn – dechreuodd trychinebau
A oedd fwy, megis symud y lliwiau:

208

Dyna werdd yn ymrithio yn lle du botadwy,
Neu felen ostyngedig yn ymddangos mewn chwinc
I'r fan lle rhodresai hudoles o binc.

Uchafbwynt y direidi fu i'r gwyrdd a'r mahogani
Ddechrau siglo fel llong ar dymhestlog li.
Drybowndiai'r peli o gwsh i gwsh
Heb i neb â'i giw estyn iddynt bwsh.

A oes feidrol yma all amgyffred y cyfrif?
Ai dyma amgylchiad i snwcera dwys-ddifrif?

Dyma adeg gymwys i gyfarth ac arthio,
Dyma amser priodol i dafodi a dwrdio:
"Rŵan, dyna ddigon!" "Tyrd yn dy flaen o fan'na!"
"Cer di i'r lle arall i chwarae efo dy degana!"

"Na." Ac yna fe gwynodd
Yr un fach am y diffyg sylw a ddioddefodd.
Ar hynny hyhi a fynegodd
Ei dymuniad i gael papur a phensel. A chafodd
Y rhain heb ofyn ddwywaith. A sgriblodd
Sgribliadau huawdl ar ddalennau
Gan anafu eu gwynder
Â llidiowgrwydd ei thymer.
Yna dehonglodd inni archollion ysgarlad ei digofaint:
        "Santa Claus
        dydym ni
        ddim eisio
        bwrdd biliards."

(Efallai y dylid esbonio i'r anghyfarwydd yn y pethau hyn fod gwerthoedd potio'r peli a grybwyllir yma fel a ganlyn mewn gêm o snwcer: coch = 1; melyn = 2; gwyrdd = 3; pinc = 6; du = 7.)

MORFIL

Yn y dyfnder diddwndwr,
Yn y dwfn du,
Yn rhy bell i ddistyll a llanw
Ymyrryd ar y llonydd trwm,
Yno y plethwyd gan y môr
Greadigaethau y mae eu ffurfiau'n
Anghenfil i ddychymyg dyn.
A'r mwyaf o'r rhain ydyw'r morfil.

Mor fawr y mae, mor fawr
Nes bod yr ymennydd yn troi
At bethau ansymudol y byd –
Mynyddoedd ac ynysoedd –
I geisio amgyffred gorfoledd ei faintioli.

Mor fawr, ac mor dyner yn y dyfnder,
Yn yr affwys dŵr yn ymsymud
Gydag ambell blwc, ambell blyg
O bendil aruthr ei gynffon.
Yn fawr yn y dŵr,
Yn dyner yn y dyfnder,
Yn swyo yn y diffwys du,
Yn symud yn y dyfroedd mawrion.

Ond weithiau y mae
Yn ysgethrin yn cracio'r mudandod
Am fil o filltiroedd;
Bydd ysgryd ei fugunad
Yn dirgrynu'r dyfroedd.
Ac o'i gwmpas bydd y dŵr yn woblo
Digon i ysgwyd dyn.

Wedyn, o ddireidi,
Fe fydd o'r dyfnder yn codi
Yn un hedlam llaethog
Ac â'i gwymp yn dinistrio'r cefnfor
Yn gynddaredd o wyn.
Ar grib y don fe fydd

Yn chwyrnellu dŵr fel sosban-wasgu.
Ac wrth iddo droi bydd y môr yn tasgu,
Yn dygyfor ac yn drallodion o donnau,
Ac yn synio gan ewyn.

Gyda hwn, gyda hyn,
Gyda threfn Ei greadigaeth,
Gydag aruthredd Ei greaduriaid
Y dangosodd Duw
I Job Ei ardderchowgrwydd.
"Pwy a egyr ddorau ei wyneb?"–
Wyneb arglwydd y dyfnder.
"Brenin," meddai,
"Brenin ydyw ar holl feibion balchder."

Hawdd deall hynny,
Oherwydd yng ngwyddfod ei ryfeddod
Y mae pob dyn sy'n teimlo'n ddiallu
Yn croesi rhiniog ei ddyneiddaeth
I'r fan lle mae Duwinyddiaeth yn dechrau.

Sosban-wasgu = Pressure-cooker.

TLWS YR EIRA

Rhew yn y ddaear, a'r haul
Yn brin: dim byd yn araul.
Oer, y wlad yn oer,
Y wlad yn llwm, a glafoer
Iâ – dant y wrach – dan y bondo;
A'r ieir yn gynnar i glwydo.

Ac yna trwy egni'r gaeaf,
Arwyddion goruchafiaeth yr haf –
Gwynion bach, gwyrddion bach
O'r pridd du. Eu dycnach
Ni bu, yn tincial trwy esgyrn y flwyddyn;
Hen bethau bach, bach, gwylaidd a gwyn.

Y CYMRY CYMRAEG

Y gweddill sydd yma –
Beth ŷnt ond pirana
Mewn powlen yn difa
    Ei gilydd.

GWLEIDYDDIAETH YR WYTHDEGAU

I'r idial-difidial
Cytuna di efo fi
Neu, fel dyn sydd yn dial,
Mi dy saetha i di.

CANNWYLL Y PASG

Ar y Groglith y mae'r allor yn wag,
Fel petai angau wedi symud drosti
A'i dinoethi – hyn i ddynodi 'Gorffennwyd'
A chymryd ymaith y Gwaredwr.
Ar y Groglith y mae'r allor yn wag.

Gyda'r hwyr y diwrnod wedyn
Gadewir i'r tywyllwch feddiannu'r eglwys.
Daw'r duwch, fel pwyso switj marwolaeth,
Nes bod pawb yn amgyffred y bedd, yn amgyffred angau.

Yna yn y gorllewin, fel gwawr groes, daw golau.
Fflam cannwyll fawr y Pasg sydd yno,
Cannwyll yn wyn yn ymestyn, yn treiddio'r tywyllwch,
Yn datgloi y gwyll, ac yn darganfod inni eto
Gynefin bethau bywyd.

Yn dynodi y 'dyfod allan' dacw hi,
    Cannwyll y Pasg,
I oleuo dynion, neu ynteu i'w llosgi.

CAPTEN

Roedd hi'n arfer gen i, yn blentyn,
I'm hel fy hun i ganlyn y dyn glo
A'm gwneud fy hun iddo, mae'n siŵr,
Yn niwsans glân – er mai anaml y byddai o'n cwyno.

Gyda throl y byddai o'n cario.
Yn ei thrwmbal gosodai'r sacheidiau
Ar eu sefyll, mewn trefn yr oedd hir arfer
Wedi profi iddo mai dyna oedd orau.
Cawn innau, adeg llwytho, eistedd ar styllen y drol
Yn dal yr awenau.

Ond nid am y glo na'r drol
Y byddwn i, mewn difri, 'n ymorol
Ond am y march mawr, Capten,
Y byddwn i'n cael dal yn ei ben.

Ceffyl gwedd: anrhydeddaf
Goffadwriaeth ei fawredd.
Dan gapan drws y stabal, pedair modfedd
Oedd yna rhwng y coedyn a'i gefn o
Fel yr âi yn frenhinol drwyddo.
Du ei flewyn, du ei fwng oedd,
Ond gwyn ei dâl a'i egwydydd.

Rydw i'n cofio,
A minnau yn ei ben o
Yn ei annog i fyny gallt
Ac yntau, gan ei ymdrech,
Yn crymu ei gadernid
Iddo'n sydyn lithro
Nes bod rhibed o wreichion
Yn stillio o'i bedolau,
Ei facsiau'n tursio,
A hwb sydyn ei ben
Ac ysgytwad y siafftiau
Yn creu ynof, yn annileadwy,
Argraff o'r grym a oedd ynddo.

Ond yr oedd ei nerth a'i ryferthwy
Wedi eu corddeddau ag addfwynder, â thynerwch.
I mi yr oedd ei wedd
Yn ddwys gan ryw drugaredd
Na wn i fawr amdano.

Capten, y drol, John Jôs y glo,
I gyd, pethau ydynt a aeth heibio,
Pethau nad ŷnt yn bod heb i rywun eu cofio.

RHYWOGAETHAU MEWN ENBYDRWYDD

(Gorilla gorilla)
O lysieuaeth fraisg y goedwig werdd
Daw swalbyn o gorila swil
I sbïo drwy y dail.
Creadur ydyw ar encil,
Un y mae ei rywogaeth mewn enbydrwydd.

(Panthera tigris)
Mae'r haul wedi pelydru
Arno'n anghyson, am ysbeidiau,
Fel petai wedi fflachio arno rhwng rheiliau
Nes sefydlogi ym mherygl melyn ei lygaid
Uwch ysgithredd rheibus ei safn: y teigr,
Un arall y mae hi'n egr ar ei rywogaeth.

(Loxodonta africana)
Corffolaeth o eliffant llwyd
Yn tasgu gloywderau dŵr
Ar arwedd llychlyd ei groen,
Yn cawodi arno'i hun drwy ei ffroenau
Ac yn ei awelu ei hun yn sych â'i glustiau.
Y cyhyrog hwn hefyd, ysywaeth,
Yn un y mae hi'n enbyd ar ei rywogaeth.

(Morsvoluntaria major)
Y Cymro llabrog Cymraeg
Yn crafu yn esgyrn sychion ei rywogaeth
Ond yn dygnu arni o hyd
I'w sgrafellu ei hun,
I'w gecru ei hun,
I'w ewyllysio ei hun tua'i farwolaeth.
Enbyd yw hi, hefyd, ar hwn.

Y FFATRI'N CAU

Y ffatri'n cau, ac yntau'n hanner cant,
A theimlad o ddifodiant yn dod, fel parddu'n disgyn,
Yn dwllwch am ei galon,
A'r dyfodol yn rhoi clep yn ei wyneb.

Dyfodol a dôl mewn ardal dlawd:
Y mab yn penderfynu mynd i'r fyddin;
Y ferch yn chwilio am rywbeth yn Birmingham,
Lle mae ganddo yntau chwaer.

Tai ar werth, siopau'n cau
Ac yn mynd rhwng y cŵn a'r brain a'r llafnau yna
Nad oes ganddyn nhw bleser mewn dim
Ond mewn hel tafarnau a dinistrio a malu.
Ffenestri'r capel, hyd yn oed, wedi eu pledu
A rhywrai wedi bod yno'n peintio, ar y waliau,
PUNKS RULE O.K. a rhegfeydd.

Ac ar y teledydd bob dydd –
Rhwng breuddwydion tjioclet –
Lluniau o ladd, plant bach yn llwgu,
Pobol filain yn sgyrnygu.

A hen deimlad yn crynhoi ynddo yntau,
Fel pry cop yn symud ar ei war,
Fod y sioe i gyd yn mynd yn racs.

GENETH DAIR OED YN COFIO GLAW MAWR

"Mae hi'n bwrw glaw mawr fory on'd oedd."

Mae a gyflea'r Presennol,
Yfory a gyflea'r Dyfodol.
Oedd a gyflea'r Gorffennol.

Pa fodd, felly, y cynullwyd yr amserau ynghyd?
Pa fodd y byr-gwmpaswyd gramadeg ein byd
Nes ysgwyd anamser ac anfrawddeg trwy len bodolaeth,
Fel troi pridd yn ysbryd, neu roi anadl mewn marwolaeth?

Ffiwsiwyd y cyfundrefnau,
Ac yn y fflach biws sy'n serio undod
Trwy gymhlethdod y gwahanedig elfennau
Fe sbarciodd tragwyddoldeb trwy sylweddau
Anianol, braisg ein marwol stad.
Daeth murmuron anfeidroldeb i ymyrryd â chnawd
Ac aeth yn anllygredig y llygradwy;
Daeth, hefyd, yn amgyffredadwy
Y bod heb iddo na diwedd na dechrau,
A daeth yn olau yr hen dywyllwch hwnnw
Am nad oes marwolaeth yno i'w marw.

Yn y glaw mawr o gnawd ac amser
Ymrithia delw arch y cadw, a'r ceinder
Na ellir mo'i ddirnad trwy gystrawen mater.

(Mae 'byr-gwmpasau' i fod i gyfleu'r Saesneg to 'short circuit'. Mae i'r 'arch' yn y llinell olaf ond un berthynas ag Arch Noa.)

Wmgawa

(1984)

AM FOD FY MEDDWL, MADDAU

Am fod fy meddwl, maddau,
   Yn egin gwyrdd i gyd
A heulwen drwyddo'n llafnau
   Yn chwalu llwydni 'mryd.

Dy fyned di, dy briddo
   Mewn daear fyddar, fud,
Dy gnawd – mor llachar – yno,
   Yn duo a darnio i gyd.

Yn llymder fy nhrueni
   Meddyliais yma'n oer –
Dadfeiliwyd y goleuni,
   Yr haul, y sêr, y lloer.

Ond o fy meddwl, heddiw,
   Mae cyffro cryf dy wedd
Yn diffodd, troi yn lludw:
   Mae bywyd yn dy fedd.

Mae chwant a gobaith eto
   Yn tyfu trwy dy dranc,
A chlychau gwanwyn effro
   Yn trechu tristwch llanc.

Am fod meddwl, maddau,
   Yn egin gwyrdd i gyd:
Mae'n galar, fel mae'n gwenau,
   Yn gaeth i droell y byd.

GWIR FEDRUS AR GARATE

Blynyddoedd, blynyddoedd
O ymarfer; blynyddoedd.
Ymarfer trwy wregysau,
Y gwyn, y porffor, y brown yn ei raddau –
O'r bedwaredd radd i'r gyntaf –
Hyd at y gwregys uchaf, du.
Llwyddo, yn y diwedd, i berfformio –
Yn berffaith – y pump ymarfer araf,
A gorchfygu, mewn dwy ornest,
Ddau wrthwynebydd Gwregys Brown, Gradd Gyntaf.
Ag ebychu cryf a chicio nerthol
Medru malu coed sylweddol;
A chracio, drwy ergydio â'r dyrnau,
Bentyrrau cadarn o frics.
Ei gorff yn hyfforddedig,
Ei rym yn ddisgybledig;
Gŵr y gellid dweud amdano, yntê,
Gwir fedrus ar garate.

Yna, un noson dywyll,
Ac yntau'n dod o'r jim, dyma
Yn dod i'w gyfarfod
Ŵr o'r cysgodion,
Un a hawliodd ei eiddo.

Pan hawliodd hwnnw, safodd
Yntau yn yr ystum
Amddiffynnol sylfaenol
Â'i ddeudroed led ysgwyddau
O'i gilydd a'r pwysau
Arnynt yn gyfartal; y gliniau
Yn rhoi ychydig; y corff yn union syth.

Daliodd ei ddyrnau
Uwch pennau ei lwynau
Â'u hwynebau ar i fyny. Parod.
Yr oedd yn awr yn barod
Ar gyfer unrhyw ymosod.

Ond yr un o'r cysgodion, hwnnw
A dynnodd arno wn, a thaniodd
Dwll gwaedlyd drwy ei fynwes. Cwympodd
Yntau, cleciodd
Asgwrn ei benglog yn glewt
Ar goncrit y palmant oer.

A hwnnw o'r cysgodion nid oedd
Namyn corffyn anhyfforddedig,
Anymarferedig, tila.
Ond, ynghyd â phunt a phisyn pump,
Dug oddi arno – y tila hwn –
Flynyddoedd ei ymarfer.
Dug, hefyd, oddi arno
Ei fedrau hyfforddedig,
Ei rymuster disgybledig.
Mewn un eiliad, un eiliad, fe ddug hwn
Ei fywyd i gyd – fel'na – gyda gwn.

PLASDAR

Y mae clwyfau,
Y mae doluriau
Y mae eu meddyginiaethau
Yn ddirgelwch.

Daw hi, y fechan, o'r ardd
Yn dal ei bys a dwedyd:
"Wedi brifo."

Archwiliaf innau yr archollion
Honedig a'u cael yn felltigedig
O anodd eu canfod, â'r llygad noeth.
Dengys hithau imi sgriffiad
Ysgafnach na chwythiad gwybedyn.
Dywedaf yn feddygol ddoeth
Nad wyf, trwy farn ystyriol,
Yn tybio bod y briw, yntôl,
Yn gyfryw ag i gyfiawnhau
Galw ambiwlans na sgrialu
Traffig â seirenâd o ruthr i'r ysbyty.

Ond eto,
"Mae o'n brifo,"
Yn unig gafwyd ganddi.

Pa ddull, ystyriaf, pa fodd
Y gwellheir y fath gur,
Pa fodd y dileir y dolur?
Onid oes driagl yn Gilead,
Ychydig falm, ychydig fêl?

"Plasdar dwi isio.
Plasdar sy'n mendio
Pob brifo."

At bob brifo, plaster.
Wrth gwrs. Estynner
Y tun; ohono tynner

O'i bapur priodol y plaster
Sydd at bob brifo.
A doder y plaster wedyn
Ar y sgriffiad
Sy'n ysgafnach nag anadliad
Unrhyw wybedyn.

Yna, dim brifo;
Yna, llwyr fendio.
Gwellhad, gwellhad;
A hynny ar amrantiad.
Ar amrantiad, gwellhad; ac allan â hi ar fyrder
Er mwyn iddi, 'n ddi-os, gael arddangos ei phlaster.

SBAENEG PARK SINEMA

Sinc gwyrdd; gwneuthuriad felly
Oedd i'r hen Bárk Sinema,
A'r sinc hwnnw, safai
Ar lan afon ddigon beth'ma.

Tywyllwch gwlyb gaeaf
Yn boddi lampau'r strydoedd,
Niwl rhaflog yn hongian
Yn agoni llwyd o'r nefoedd.

A dorau yna'n agor
Yn y sinc gwyrdd i wahodd
Eneidiau tamp a phererin i'r fan
Lle'r oedd y nos a'r glaw yn diffodd.

Viva Mexico. Aem o Gongol-y-Wal,
O Ddôl-rhedyn a Losdryd
I'r haul a oedd yn crasu creigiau
Ar ochor bella'r byd.

Vamos muchachos. Compadres,
Oedd hi wedyn. Parablem ni
Sbaeneg Párk Sinema,
Nyni, wynion y niwl a'r oerni.

Brown ac olew o wedd
Oeddem ni, am dipyn, yno
Yn dioddef yn y mynyddoedd
Cyn codi i goncro'r *gringo.*

Yn sinc gwyrdd y dychymyg,
Ar lan afon ddigon beth'ma
Roedd hi'n *vaya con Dios*
Arnom ni yn Párk Sinema.

Ond allan y mae'r nos anniddos,
Y mae'r niwl, y mae'r oerni'n aros,
Y mae'r gaeaf hen yn ddi-os
Yn bod, ac *adios amigos.*

Viva Mexico: Boed Mexico fyw.
Vamos muchachos. Compadres: Awn blant. Gymrodyr.
Gringo: Enw o sen gan wŷr Mexico ar Americanwr.
Vaya con Dios: Ewch gyda Duw.
Adios amigos: Ffarwél gyfeillion.

WMGAWA

(Gweler ffilmiau 'Tarzan' Johnny Weissmuller)

WMGAWA: gair Tarzan.
Gair yw at alw i mewn, a gair at yrru allan;
Gair yw at gyfarch yn garedig,
A gair at gega yn gyntefig.

Gair yw at alw eliffantod,
A gair at drefnu llu epäod;
Gair yw i beri i lewod
Lwfwrhau a throi fel llygod.

Gair yw hwn yn ddiau ddeil
Mewn ofn pob cnotiog grocodeil,
A gair a dry yn llipa nadredd
Sy'n arfer hisian eu cynddaredd.

Gair buddiol at bob galw yw,
Geiriadur o air ydyw;
Gair da, y gair gora'
Yn Affrica i gyd yw WMGAWA.

MANION

ARGYFWNG GWACTER YSTYR

Pan ddaw hwn heibio
Gafaelwch ynddo fel hyn –
Rhwng un bys ac un bawd,
A'i roi yn y bun.

ACTORES Y BYD SYDD OHONI

'Doedd neb yn siŵr ohoni
O weld ei hwyneb ar y sgrîn,
Ond y wlad oll a'i hadnabu
Pan ddinoethodd hi ei thin.

YR YMERODRAETH BRYDEINIG, INDIA, 1946

Dyn ar gefn beic
Yn dweud wrth ddyn ar gefn eliffant
Ei fod o am ei arestio.

GWALIA

Onid ydyw'n beth syn
Mai fel hyn y mae'r rhelyw yn synio
Am wlad y Cymro,
Sef fel y lle y ceir Llanfairpwllgwyngyllgo-
gerychwyrndrobwllandysilio-
gogogoch ynddo.

AUDEN YN HEN

Rwy'n cofio'r dydd, ond nid y dyddiad,
Yn Rhydychen ar y stryd,
Ger waliau'r Holl Eneidiau,
Heb fod ymhell o'r lle y byddwn i, un tro,
Yn disgwyl am y bysiau
A deithai draw am Cowley.

Ar droi rhyw dro yr oeddwn i
A ddôi â mi i'r Bodley
Pan ddaeth y sgrýff 'ma rownd y tro
Fel dyn yn methu stopio.

Stwcyn cydnerth; sigarét;
Wyneb fel eliffant hen;
Rhyw sachaid o ddyn, mewn slipas . . .
Wrth gwrs! Hwn, hwn ydi Auden!

Auden yn Rhydychen;
Auden yn hen.
Auden, fel y clywais i wedyn,
A oedd, yn Ystafell Gyffredin
Eglwys Crist, braidd yn dreth
A thipyn yn anhyweth –
Wrthi o hyd yn ailadrodd hen lol
Ac yn rhy fras ei glebran rhywiol.
Dyn y slipas, dyn y slipas a oedd,
Erbyn hynny, yn dipyn o embaras.

Ond ar hwn, Wystan Hugh Auden,
Dyn y slipas, yr eliffant hen
Yr oedd marc cyfrin yr awen,
Nôd ysol Pair Ceridwen.

227

DIPYN BACH O WYBODAETH

Gwyddwn y geiriau
'Glyn cysgod angau'
Ers pan oeddwn i'n ddim o beth;
Ond gwybod ydoedd heb wybod.

Ac yna mi welais yr wybodaeth
Yn tynnu un cyfaill ymaith,
Yn ei daflu i bydew anobaith,
I'r tywyllwch llwm sy ar derfyn y daith.
Gwyddai ef yr hyn na wyddwn
Wrth imi geisio, fel y bydd rhywun,
Ei dynnu i fyny o'r dwfn.
Yn gryfach na rhyw falu geiriau
Yr oedd, yn ei glustiau,
Furmuron y dyfroedd tywyll.
A thrwy ei lygaid gwelais
Ddychryn y goleuni'n pallu.

Wedyn darfu; darfu.

Gadawodd ei dŷ,
Gadawodd y dodrefn ynddo,
Gadawodd ei lyfrau lu,
Gadawodd ei ardd,
Gadawodd bob eiddo.

"Fi biau," meddwn unwaith
Am bethau'r byd,
"Fi biau'r muriau yma, fi biau
Yr ardd hon, fi biau'r llyfrau."

Ddim mwy; ddim mwy; canys deuthum
Oddi wrth y farwolaeth honno
Yn gwybod na phiau fi ddim.

Cyrhaeddodd tragwyddoldeb ataf.
Clywais, o'r tu hwnt i'r cnawd,
Yr hen, hen ddistawrwydd sy'n amdoi ein marwol
      rawd
A deallais nad oes yr un meddiant
A'm gwna i'n ddim byd ond tlawd.

Y LLYW OLAF

Ger y dŵr, ger afon Irfon
Ar ddydd o Ragfyr oer
Y lladdwyd ein Llywelyn,
Ein llyw, ein llew, ein lloer.

Ger y dŵr, ger afon Irfon
Un gaeaf daeth yr awr
Y trawyd y tywysog,
Y bwriwyd Cymru i'r llawr.

Am y dŵr, am afon Irfon
A'r cwymp mae'r cof yn ir:
Mae bedd nad â yn angof
Yn naear las Cwm Hir.

HITLERIAETH ETC.

Fel hyn y mae pethau'n dechrau;
Fel hyn, gydag un dyn, un dyn bach,
Un ffynnon o lid du,
Un dyn yn ffroeni hinsawdd yr amserau.

A dyna sydd yn digwydd wedyn –
Yr un dyn bach yn sugno gwenwyn
Y byd o'i gwmpas, ac yna
Yn ymborthi wrth gafn ei atgasedd ei hun
Ac yn gwancio cibau distryw.

Yna bydd yn ymgyndynu, yn dal ati
Ac, yn reddfol, at y cafn a'r cibau daw
Cymdeithion y tywyllwch, ysglyfwyr y ddynol ryw.

A bydd y gwarthuddo,
Bydd y gwaradwyddo yn dechrau.
"A ydi dy dad, a ydi dy fam
O waed coch cyfan ein pobol?"
"A ydi dy dad, a ydi dy fam
Yn dal swydd nad ŷm ni yn ei hoffi?"
Ac wrth blentyn dywedyd,
"Dy dad, mae dy dad yn fradwr –
'Dydi o ddim yn gwneud
Fel yr ydym ni yn dweud."

A dechreuir, wedyn, ffieiddio
Pob anghytuno. Dechreua'r udo,
Dechreua'r gweithgareddau cêl.
Dacw ystafell un a safodd
Ac a lefarodd yn groes i'r genfaint
A'r dillad ynddi wedi eu taflu drosti.

Dacw ddirgel daflu dŵr
Hyd ystafell gwrthwynebwr.
Dacw ffenestri'n malu'n yfflon,
Dacw leisiau'n sisial dros y ffôn.
Llanast cynddaredd, stremp dicllonedd:

Dulliau cydnabyddedig, os amrwd,
O sigo ysbryd a thorri dynion.

Ac yna dacw'r rhai a ddychrynir
Gan y rhochian i brynu heddwch,
Y rhai a ddeisyfa lonyddwch,
Y rhai y brawychir ohonynt eu pleidleisiau.

A phan ddigwydd hynny
Gellwch weld goleuni'r deall yn pallu;
Gellwch weld trymder casineb yn dechrau trechu
Addfwynder rheswm.

Ac yna daw dechrau'r dychryn:
Yna bydd pobol, a fu unwaith yn glên, yn fodlon
Difetha eu cymdogion.

Y lladd cyntaf
Yw'r lladd anhawsaf;
Mae pob lladd wedyn
Yn haws o gryn dipyn.

A bydd popeth yn dda,
Bydd popeth yn iawn
Yn yr afreswm hwnnw.
A bydd gweithredoedd
A gyfodai, unwaith, gyfog,
Ynghanol yr hafog cyffredin
Yn dod yn bethau arferol.

A daw artaith, tân, a distryw
Yn gyfarwydd yn yr enbydrwydd hwnnw,
Awr rhemp y ddynol ryw,
Yr awr pan fo cariad ar encil,
Yr awr y bydd arni nôd aflan y bwystfil.

Rhywbeth yn debyg i hyn, fel arfer, ydi dechrau
Datodiad yr amserau.

VINCENT VAN GOCH:
'GLAW YN AUVERS' (1890)

Pridd oer, tywyll; tatws;
A'r rheini a oedd o gwmpas y bwrdd
Yn ffroenfoll, weflog
A'u dwylo fel talpiau o'r pridd
Yr oeddynt mor feunyddiol ynddo
Nes mynd, bron, yn rhan ohono,
Yn un natur â'i gyntefigrwydd tywyll.
Ond yno'n loyw, hefyd, un lamp
Uwchben, yn y canol,
Fel cariad yn pelydru trwy'r gerwinder,
Yn goleuo'r pethau tywyll.

*   *   *   *

Wedyn meysydd Arles, a'r heulwen
Yn hirfelyn arnynt,
Yn dresi disglair o dragwyddoldeb;
Ac egni goleuni yn des,
Yn gynnes trwy holl liwiau
Yr awyr eang a'r ddaear –
Mae'n las yn taslo ac yn tywynnu;
Mae'n felyn, felyn, fawr.

*   *   *   *

Ac yna y glaw yn Auvers:
Y melyn mawr a'r tywyniad glas yn boddi
Yn wylofain digyfnewid y glaw
A oedd yn arllwys iasau oerlas
Fel sgriffiadau egr trwy dy fyd.

A'r brain yna, y brain yn oerni'r glaw,
Yn ddu ynghanol dy lun,
Yn ddu yng ngloes y glaw,
Yn ddu fel dy angau a oedd, eisoes,

Yn crawcian yn d'ymennydd cynddeiriog
Ac a oedd, yn Auvers, yn aros
I dy dynnu di o felyn hir yr haul,
I dy dynnu di o'r eangderau glas,
I dy dynnu di o lewyrch pob tynerwch
I lawr i stafelloedd tywyll y ddaear oer,
I lawr i gyfyngderau du, cyntefig y pridd.

Y mae rhan gyntaf y gerdd hon yn cyfeirio at ddarlun a elwir yn 'Y Bwytawyr Tatws'.

Mae'r ail ran yn cyfeirio at ansawdd arbennig nifer o ddarluniau a beintiodd van Gogh yn ardal Arles.

Mae'r drydedd ran yn cyfeirio at ddarlun gan van Gogh a geir yn Amgueddfa Genedlaethol Cymru, 'Glaw yn Auvres'. 1890 yw dyddiad y llun; yn 1890, hefyd, y saethodd van Gogh ei hun.

YNGANIAD Y GAIR

A Duw, meddir, ni ddywaid air;
Mudan ydyw, wedi ymwadu
Â'r byd bach, bychan hwn.
Aeth ar goll yng ngwacter Ei gread
Gydag estyniad ein gwybodaeth
A gadawyd dyn yn noeth, ddaearol,
Yn forgrugyn anysbrydol bychan, bach
Ynghanol galaethau a gwacterau dirifedi
A diddymdra.
Ac yn ymestyn diderfyn y tawelwch tywyll
Nid oes dim.
Dim, a mudandod;
Neb yn y goruchaf.
A Duw ni ddywaid air;
Meddir.

*   *   *   *

Ar y ddaear diffeithdra.   [1914-18]
Ar drai, Duw –
Yn y metelau croch,
Yn y sgrechiadau gwaedlyd,
Yn y llaid archolledig,
Yn y cnawd racs.

Ar drai, Duw –   [1939-45]
Yn y ciwio am angau,
Yn nwyon dilead,
Yn y myned fel ŵyn i'r lladdfa,
Yn nryllio ar y meini rai bychain,
Yn y swastica.

Ar drai Duw –   [1945]
Yng nghythrwfwl
Y cwmwl gwyn a fochiodd,
Yn y dynion
A droes yn gysgodion,

234

Yn y rhai a enynnwyd
Yn y glaw llygredig.

Ar drai, Duw –   [60au-80au]
Yn y rhai sydd,
Trwy awdurdod, yn torri bywydau;
Yn anrhaith grym.
Yn y rhai, hefyd,
Sydd yn lladd eu ffordd i'w hiawnderau.

Ar drai, Duw –   [60au-80au]
Yn y ddau, yn y ddinas,
A giciodd am ychydig geiniogau
Hen wreigan i'w hangau.

Ar drai, Duw;
Dim, neb, darfod.
Mudandod.
Meddir.

                    *   *   *   *

Ond bodolai.
Hyd yn oed yn y rhai
Oedd yn dywedyd am ei drai
Bodolai.
Bodolai
Yn y rhai hynny ohonynt
Oedd am gyrhaeddyd
At amgenach pethau,
Y rhai a ddyheai
Am dangnefedd
Ac a oedd, yn eu dyheadau –
Heb yn wybod – yn blant i Dduw.

Bodolai
Yn y rhai
A dorrai eu bara i'r newynog.

235

Bodolai
Yn y rhai
A ddygai y crwydriaid i dŷ,
A ddilladai y rhai oedd yn noeth,
Ac a estynnai gwpanaid o ddŵr
I'r sychedig.

Bodolai
Yn y rhai
Nad ymguddiai oddi wrth eu cnawd eu hun.

Bodolai.
Ac nid oedd y gwacter oer
A ymestynnai i'r tywyllwch diderfyn
Lle'r âi pellter ac amser yn un
Ond yn dangos nad endid diffiniadwy
Ydyw yr Ydwyf sy'n rhan o bob bod.

Duw, anniffiniadwy:
Ond hyn oll, rhan Ohono ydyw;
A'r rhain, rhai ydynt o'i dystion diwybod;
Y rhain sydd i'r mudan yn dafod.
Yr ysbryd anhraethadwy a bair
Fod y rhain yn rhan o ynganiad y Gair.

Cyfeiriadau at gyfnodau yw'r ffigurau mewn bachau petryal. Nid oes, wrth reswm, eisiau eu darllen fel rhan o'r gerdd.

BLEWYN, Y BOCHDEW

Mae'n rhaid i rywun, ar wyliau,
Gymryd atynt hamsterau yr ysgol.
Yn bedair oed a heb gallio
Y mae hi'n dal yn un o'r rheini
Yn yr hen fyd yma sy'n barod i wirfoddoli.
Am hynny y cefais i fy hun,
Yn dadol un Nadolig,
Yn haldio adref y brawd Blewyn,
Ei ymborth, ei flawd lli, ei gawell, a'i olwyn.

Ar ôl cyfnod gweddus o wyleidd-dra a swatio
Magodd Blewyn blwc a dod at y netin i sbïo
Ar ei letywyr.
O bêl gron o flew fe welid
Dau lygad byw yn pefrio
Ac, ar adegau, fe geid ganddo
Y wên ddeuddant ddelia' a welsoch chi.

Sbïai, ymhyrddiai wedyn o gwmpas –
Chwip, chwap, stopio.
Naddu-ddanheddu wedyn
I'w enau ddail-hadau-gnau'n
Ffrwst ffrwst nes ei fod o'n bochio
Gan luniaeth. Cymryd yn ei ben,
Wedyn, i neidio o gwmpas ei gratj.

Ac am ugain munud i hanner nos,
Os gwelwch chi'n dda, daw ysfa drosto
I fynd fel cyth, i droedio
O fewn ei olwyn.
Rhybedian crwn,
Rhybedian rhythmig,
Grwndi-grwndi
Olwyn-fiwsig.

Rhybedian rhybedian stop, sydyn
A hop ddeheuig o'r olwyn wedyn –
Dyheu y mae am ddiferyn.

Sipia ddŵr trwy welltyn plastig
O'r botel fach sy'n sownd wrth lastig
A rhoi ambell sgŵd i'r ddyfais odro
Nes bydd y cratj i gyd yn clatjio.

Diffoddaf finnau ei ddydd.
A bydd yntau, am 'wn i, yn noswylio,
Yn troi i'w wellt i swatio.

Daeth, fel y daw bob amser,
Ddiwedd y Nadolig.
Tynnwyd y clychau disglair,
Cadwyd mewn blychau liwiau
Ein llawenydd, daeth y cardiau
I lawr. Yng ngwaelod yr ardd
Y mae'r goeden loyw mor noeth ag esgyrn ffowlyn
A nodwyddau ei glesni, fel pigion ein gŵyl,
Yn cael eu hwfro i ebargofiant.
Bwriwyd ymaith y celyn crin.
Ac aeth yntau hefyd, Blewyn,
Ei ymborth, ei flawd lli, ei gawell, a'i olwyn
Yn ôl i'r ysgol.

Ond gadawodd, am sbelan –
Fel y gedy pethau byw –
Lond cawell o'i absenoldeb, ac ar fy nghlyw
Hymian mwyn a rhybedian ei olwyn.

ERYR

Edrychais ar ei fawrhydi
Trwy rym ei adenydd yn ymgodi
Uwch ysgythredd craig a meini.

Ymgoda draw i'r glesni
A throella yn llathriadau'r goleuni:
Gorsedd yr haul a dyrchafedig ri!

Dano, ar y rhos ddiarbed,
Mae darn bychan o fywyd –
Un ffroengar wningen lwyd.

Uwchben y mae o yn cau
Ac yna y mae yn ymollwng
Trwy lymder enbyd yr awyr.

Crafanc iddi, ewin ynddi
Yn ddur drwy ei heinioes hi.
Gwinga hi; a sgrechia, yn erchyll, un gri.

Un einioes fach yn ebrwydd
Yn troi yn ddarnau afrwydd
Coch o gig ac yn llinynnau o gnawd.
Mae gwaed ar ei ardderchowgrwydd.

ER COF

(Arwydd bach o barch mawr)

Mary Vaughan Jones.
Dyma dŷ Mary Vaughan Jones.
Ond nid yw Mary Vaughan Jones yma.
                                        Drwg.

Mae Mary Vaughan Jones wedi mynd.
Mae Mary Vaughan Jones wedi mynd oddi yma.
                                        Drwg. Drwg.

Mae Mary Vaughan Jones wedi marw.
Mae Mary Vaughan Jones wedi marw
Ac nid yw hi yma.
                                        Drwg iawn wir.

Na. Na. Na. Na.
Mae Mary Vaughan Jones yma.
Mae Mary Vaughan Jones yma
Ac yn llefaru eto.
Mae Mary Vaughan Jones yma ac yn llefaru eto
Â thafodau plant bychain.
                                        Da iawn, wir.

*Dyma awdur llyfrau darllen i blant bach, llyfrau am gymeriadau fel Y Pry Bach Tew
a Jaci Soch.*

240

ADFOD

Pa bethau o'r nos ddofn
Y daethom ni â nhw gyda ni;
Pa ddychryn, pa ofn
Sy'n treiglo yn ein tywyllwch?

Weithiau, wedi i'r nos ein cau
Y tu ôl i adwyau ymwybod
Deuwn i'r llain adwythig honno
Yn naearyddiaeth tragwyddoldeb
Lle y mae ein hofnau yn ymgnawdoli,
Lle y mae arswydau duon yn ymlusgo
Yn nisgleirdeb enbyd y gwair dieithr,
Lle y mae dychrynfeydd yn magu plu a chroen,
Yn llygeidio, ymddanheddu a ffroeni,
Ac yn ffieiddio eu ffordd trwy stremp bodolaeth.
Yno y mae
Yr hwrdd yn sefyll wrth yr afon,
Y bwystfil yn ymgodi o'r eigion,
Y ddraig halogedig yn dyrchafu o'r pydew;
Yno y mae y gŵr noeth, yno y dyn unig.

Hun fer oddi wrthym,
Am y mur â'r byd destlus
Lle y mae rhywun yn newid ei grys
Ac yn bwyta bisgedi gyda'i baned ddeg
Y mae y lle arall.
Y mae pob un,
Pob un ohonom yn y bywyd hwn
Ar erchwyn y tywyllwch
Ac yn edrych allan i'r nos.

Ceir yr 'hwrdd' yn llyfr Daniel VIII. 3, ac y mae'r 'bwystfil' a'r 'ddraig' i'w cael yn llyfr y Datguddiad yn ogystal ag yma.

YR ARGLWYDD YW

Cwch yn llonyddwch y bore,
A'r wawr, erbyn hyn, ar y dŵr.

Dim sŵn, ond sŵn y rhwyfo,
Y rhwyfo, ochain y coed a'u rhygnu,
Y rhwyfo a diferyd y dŵr.

Y maent hwy, y rhai penisel, yno
Yn dychwelyd o'r nos,
Yn dychwelyd ac arnynt osgo
Blinder yr oriau tywyll, a'r pysgota ofer.

Ac yna daw aroglau pysgod yn rhostio
O'r lan gerllaw, a'r aroglau hynny
Yn deffro ynddynt hwythau
Newyn yr oriau gwag.
Ac wele un, dieithr, draw ar y lan,
Dieithr draw yn nisgleirdeb y bore.

Ac ar draws y pellter a oedd rhyngddynt
Daeth llais a lefarodd wrthynt:
"O blant, a oes gennych ddim bwyd?"
Yna dywedodd, "Bwriwch y rhwyd
I'r tu deau."

Ac yn llawnder eu rhwydi,
Yn y llawenydd a orchfygodd y nos
A blinder ofer eu haros,
Yn y bywyd gwlyb a oedd yno'n cordeddu a sgleinio,
Yn y pethau a ddaeth o'r dyfnder yn fyw
Fe ddaeth yr adnabod: "Yr Arglwydd yw."

Fe geir yr hanes hwn am y Crist atgyfodedig yn Ioan XXI.

Am Ryw Hyd

(1986)

DIWRNOD TYNNU'R RHAFF I LAWR

Yr oeddem ni, ers sbelan, wedi bod yn sôn
Am ddiwrnod mudo ein cymdogion.

Nid oedd neb, na ni na nhw,
Yn edrych ymlaen at y mudo hwnnw.

Yr oedd milltiroedd yn mynd i ddifetha
Peth ar bymtheng mlynedd o gymdogaeth dda.

Y mae pellter, heb i neb ddymuno hynny,
Yn rhwym o amharu ar agosrwydd dau deulu.

Yr oedd coeden griafol yng nghongol yr ardd
Yn wyn yn ei thro, yn ddiferion coch yn ei thro,
    yn wastad yn hardd.

Y goeden hon, eu heiddo hwy oedd hi
Ond plygai ei brigau dros y ffens atom ni.

Yr oedd hi gymaint rhyngom ni
Nes i un ohonom, yn dair oed, ei meddiannu hi.

Cymaint oedd ei feddiant nes y bu iddo, un dydd,
Gario iddi ei raff werthfawr, a'i chlymu yno trwy ffydd.

Ond yno, yng nghangau llawen y griafolen y bu
Am bum mlynedd dda'n dynodi'r meddiannu.

Hyd nes y daeth y dydd cyn y mudo,
Y dydd cyn rhyw ddiwedd, pryd yr aeth o

Dros y ffens a datod, yn drafferthus, y cwlwm mawr
Canys hwn ydoedd diwrnod tynnu'r rhaff i lawr.

JOHN GWILYM JONES

(Ar ddathlu ohono ei ben blwydd yn 80 oed. Trefnwyd y dathliad gan Yr Academi Gymreig.)

Yng nghadernid hen Arfon
Y mae gŵr yn y Groeslon
Hir eu fyfyr ar ddynion.

"Pwy sy'n wael? Pwy sy'n priodi?
Pwy sy'n gwella, pwy'n cael babi?
Pwy sydd 'na wedi'n gadael ni?"

Gwas priodas aml ei alwadau,
Un deddfol o selog mewn angladdau,
Ymwelydd dwys ag ysbytyau.

Da ei drwsiad, dyn teidi,
Un destlus, un taclus ond, "Wel'di,
Ble, bôi bâch, mae goriad 'y nghar i?"

Un am ei iaith a oddeithia
Yn fflamau coch, coch o'r tanbeitia':
Dyn yw hwn a saif dros ei betha'.

Dyn drama, gŵr geiriau,
Gŵr llên yw, gŵr gweledigaethau:
Mewn gair, gŵr ydyw o'r 'siort orau'.

Yn ei gegin y mae'n gweithio
Wrth y bwrdd rhwng brecwast a chinio –
Lle iawn rhag gorymddifrifo.

I'r gegin hon daeth ato
Y Gwynt sydd yn Chwythu lle y Mynno,
Ac Eto Nid Myfi, a Hanes Rhyw Gymro.

"Nid fel'na y mae'i deud hi."
"Y feri peth." – Am oriau fyrdd bu wrthi
Â lleng o actorion, heb ball ar ei egni.

Bob Parry, bardd: dangosodd
Athrylith ei awen, a dwedodd
Pam yr oedd hwn wrth ei fodd.

Uwch y môr mae ei 'Angorfa'
I'w ddal yn sad yn rhyferthwy pob gaea',
I'w lawenhau yn awelon yr ha'.

Â'i amser cynysgaeddodd
Ei genedl, ei Gymru, a lluniodd
Ddrama o oes: fe'n rhyfeddodd.

DIPYN O SEBON

"Diolch," meddai Miss Elen,
"Diolch . . . wyddoch chi . . . am y sebon."

"Sebon? . . . O, sebon! . . . Peidiwch â sôn,"
Meddai'r fam, mor glên
Ag y gallai wrth Miss Elen
O niwl tew ei hanwybod.

Beth oedd hon, ei genethig,
A oedd yno, yn fach, yn peri iddi'r styffîg
Arferol wrth iddi geisio cael ei chôt amdani,
Pa orchest yr oedd hon yn awr wedi ei chyflawni?

Ac yng nghyfyngder lle dillad yr ysgol
Ynghanol miliynau, fel yr ymddangosai,
O gyffelyb greaduriaid bach
Oedd yn miglo o gwmpas yno, yn stwffio
Ac yn ymdrechgar ymwisgo
Saethodd drwy feddwl y fam
Weledigaeth o Lifebuoy coch mewn papur llwyd,
Neu Lux mewn anrhaith lipa o focs di-nwyd
Yn dyrchafu o law fach.
Sebon!

Ond hyhi, ysywaeth,
A wnaeth gam dybryd â chwaeth
Ei hiliogaeth.
Wedi dyfod adref, ar ôl chwilio a chwalu
Am beth amser, darganfu
Fod ei hanrheg werthfawr hi o Baris –
Ei sebon Chanel sbesial peraroglus –
Wedi diflannu.

LUSARD

Wal ym Mhrofens
A haul cynnes canrifoedd
Yn felyn ynddi.

Smic o symud,
Llonydd sydyn:
Smotyn
Yn dal y llygad.

Lusard ydi hi;
Y mae'n dod allan
I gynhesu ei gwaed yn yr haul.

Brych bach stond
A chroen fel papur sidan
Yn tagellu egni;
Yna pizzicato
Ar hyd y wal, ar hyd ei heulwen;
Stop eto,
Tagellu dro,
Ac yna hercio ymlaen
Fel mewn hen ffilm.

Heulwen, a lusard, a wal,
Hen, hen wal.

NIWL

Yr ardal honno,
Gogledd-ddwyrain Ffrainc,
Y ddau dro,
Y ddau dro y bûm i drwyddi
DANGER oedd hi
BROUILLARD:
Niwl.

Troes tegwch y bore
Y ddau dro,
Troes tywyniadau melyn yr haul
Y ddau dro
Yn niwl y prynhawn.

Niwl llwyd,
Niwl oedd yn mygu golau melyn y car
Fel yr oedd o'n mygu'r heulwen:
Lampau'n diffodd.

Ac o'r niwl hwnnw deuai weithiau
Enwau ac arnynt archollion
Hen ryfel:
Compiégne, Sommes,
Mons, Arras, Amiens.
A deuai atom hen farwolaethau
O arwyddion ochrau ffyrdd:
'Yma y mae beddau . . .'
A nodid rhifau ac enwau catrodau.
Beddau yn y niwl.

Niwl hen y daith,
Niwl hen,
Hen, hen niwl y ddynoliaeth.

'CUSTENNIN AMHYNWYEDIG YDWYF'

(Er cof am yr Athro Idris Ll. Foster)

Uwchben hen destun heno
Daeth ataf lais fy athro:
Ac yntau wedi ei briddo
Y mae'n llefaru eto.

"Custennin Amhynwyedig ydwyf."

Llefara drwy hen eiriau
Hen stori o hen oesau
Am gawr ac am anoethau,
Am gyrch ac anturiaethau.

"Custennin Amhynwyedig ydwyf."

Daw Culhwch a daw Olwen,
Daw'r pencawr Ysbaddaden
A'r antur liwgar, lawen
Yn fyw o brint y ddalen.

"Custennin Amhynwyedig ydwyf."

Rwyf finnau'n fan'ma heno
Trwy ddarllen yn adfywio
Bywydau o hen oesau,
Hen gyrch, hen anturiaethau.

"Custennin Amhynwyedig ydwyf."

Rwy'n clywed ac yn cofio
Trwy'r testun lais fy athro;
Daw yntau, fel 'dônt hwythau,
Yn fyw trwy rith y geiriau.

"Custennin Amhynwyedig ydwyf."

Yn y dechrau Gair oedd yno
Yn bod, a bywyd ynddo.
Mae geiriau'n fywyd eto:
Fe brofwyd hynny heno.

"Custennin Amhynwyedig ydwyf."

(Ystyr y geiriau o'r chwedl ydi 'Custennin fab Mynwyedig wyf fi'. Mae'r geiriau i'w cael yn yr hen chwedl am Gulhwch ac Olwen, chwedl yr oedd yr Athro Foster yn arbenigwr arni. Byddai'n cael blas arbennig ar lefaru'r geiriau dan sylw.)

DAU FAB

Dau frawd, ond un farwolaeth;
Un corff, ond dwy ystyriaeth;
Un cnawd curiedig, gwelw,
Ond dau yno uwchben hwnnw.

Diwedd, teimlodd un.
Nid ymadawedig,
Ond darfodedig: diwedd.
Dim byd ohono ar ôl ond cofion, ffotograffau,
Teimladau ynglŷn â'r gorffennol
A phethau, ei bethau.
Ond ohono fo, dim. Diwedd. Kaputt.

Ehedodd, teimlodd yr ail,
Y peth byw ohono.
Y tu hwnt i'r cnawd hwn
Y mae'r efô a oedd yma
Yn dal mewn bodolaeth;
Nid diwedd sydd yma, nid darfodedigaeth.

Dau frawd, ond un farwolaeth.
A'r siawns fod y naill yn iawn
Neu'r llall yn iawn ynglŷn â difodiant
Yn hanner cant y cant.

250

AMOUR HERISSONOIS
NEU
BOD YN DDRAENOG

Mae'n siŵr gen i
Nad peth difyr iawn ydi
Bod yn ddraenog.

Af mor bell â honni
Nad oes fawr ddim byd yn joli
Mewn bod yn ddraenog.

Yn wir, nid ystyriaeth academig
Ydi nodi bod gwir beryg
Mewn bod yn ddraenog.

Seiliaf fy sylwadau hyn
Ar raglen y bûm i'n syllu'n syn
Arni ar y teledydd
Ar fywyd naturiol draenogod
Ac, yn fwyaf penodol,
Ar ran sylweddol ohoni
A ddarluniai – yn hynod addysgiadol –
Ymdrechion Herciwleaidd o arwrol
Dau ddraenog i ymroi
I gyfathrach rywiol.

Dyma beth oedd gwir ymroddiad
Yng ngwasanaeth cariad.
Amour courtois, chevalerie –
'Dydi'r pethau hyn ddim ynddi
O'u cymharu â'r serchiadau selog
Sy'n cynhyrfu calon draenog.

Ar ôl hyn oll ni all dyn ond teimlo
Fel llongyfarch yn galonnog
Unrhyw ddraenog
Sy'n llwyddo i hyrwyddo ei rywogaeth
Dan amodau mor obigog.

PETHAU BYCHAIN

Wedi troi i wynebu'r rhedfa
A chychwyn fe glywch ysgytfa
Arllwys grym ffyrnig o'r peiriannau jet
A hyrddir mater solet
Yr awyren fry a, heb ichwi wybod,
Yr ydych yn dyrchafu, a'r ddaear yn datod
Disgyrchiant ei gafael arnoch.

Ac wrth i chwi ddyrchafu
Bydd y byd islaw'n bychanu:
Try tai yn dai Monopoli,
Try caeau'n sgwariau draffts,
A thry dynion yn forgrug.

O ba bwysigrwydd cosmig
Ydi mynd a dod y manion
Fywytach a elwir yn ddynion
Acw, islaw, i lawr
Yw un o'r ystyriaethau a ddaw mewn awyren
Wrth i ddyn esgyn fry i'r ffurfafen.

Y diystyr; y dibwys; y dim byd!

Ond, ond, unrhyw bryd,
Gollyngwch chi fricsan ar eich troed
A bydd ystyr y bydysawd
Yn canoli yn eich bawd.

O fewn i'w groen ei hun
Y mae, i bob un,
Arwyddocâd y greadigaeth yn crynhoi –
Nid i ddynion yn unig
Ond, hefyd, i forgrug.

A yw dyfnder ein profiadau
O afael y sêr pell a'r gwelwon bellterau?
Onid yw'n hysgytwadau mwyaf cosmig
Gwirioneddol, yn rhai rhyfeddol feicrosgopig?

JOHN SAUNDERS LEWIS (1893-1985)

'. . . a riveder le stelle.'

[Dyfyniad o ddiwedd 'Inferno' Dante.]

Brud fu a breuddwyd, ganrifoedd hen,
Ddyfod un a enynnai yn y tywyllwch trist
Fflam dyheadau a bylwyd yng nghysgodion amser,
A ddifawyd yn safn ddreng y nos.

Arthur, Hiriell, Cadwaladr, Owain –
Onid enwau yr hiraeth oeddynt
Am fab y broffwydoliaeth?
Hwy oedd y llewyrch bychan,
Anadl enaid yn y diffodd hir.
Ond ofer, ofer y darogan; ofer yr aros.
Ar rawd cenedl y Cymry yr oedd tynged haearn:
Fel Lleu gynt ehedodd i goeden angau,
I ddyffryn y darostwng
I bydru a chynrhoni a darfod.

Nes, yn y dyddiau diwethaf,
O'r dwyrain y daeth
I ddyffryn pygddu'r farwolaeth
Un a roes iddi trwy egwyddor ddur
A chasineb a gwewyr –
Os nad gwawr –
Unwaith eto weled y sêr.

[Mab y broffwydoliaeth, mab darogan oedd yr achubwr y proffwydai'r hen Gymry a ddeuai i'w hachub, rhai fel Arthur, Hiriell, etc., Mae'r llinell olaf yn gyfieithiad o'r dyfyniad o Dante.]

SBECTOL HAUL O C & A

Golwg fel un Maxim Gorky –
O'r Dyfnderoedd Eithaf –
Golwg felly oedd gen i
Ar fyd ac ar fywyd.
Roedd hi'n Dywyll Heno arnaf fi
Fel yr oedd hi'n gwawrio;
A dôi'n naturiol imi draethu,
Fel y traethai'r Salmydd yn ei dro,
Am y pydewau o alaeth sydd yn ein bodolaeth.
Dyn, mewn oferedd y daw
Ac mewn tywyllwch yr ymedy –
Felly'r Pregethwr, felly finnau.
A mwynach im na'r Goliardi
Ydoedd darllen Thomas Hardy.

Ond sbectol haul o C & A
Newidiodd hyn i gyd, a lle
Gynt y syllwn ar dduwch bodolaeth
Gwelwn yn awr fwynderau helaeth
A'r rheini i gyd yn belydrol felyn.
Llathreiddiodd y byd
A thrwyddo i gyd
Hydreiddiai tywyniadau tesog o aur.
A hyn i gyd am i mi, yntê,
Gael sbectol haul o C & A.

TYSTIOLAETH FEDDYGOL

Ynglŷn â'r ddiweddar Christine Silt,
Yn dri mis oed wedi trengi,
Dyma oedd y dystiolaeth feddygol.

Yn bythefnos oed amheuid
Iddi ddioddef ymyrraeth rywiol.
Ar noson y farwolaeth darganfuwyd
Yn y benglog doriad aruthr o waed;
Ar y fraich dde – y rhan uchaf – yr oedd
Toriad ar yr asgwrn a oedd, erbyn hynny, wedi asio;
Yr oedd craciau yn yr asennau
Ar y naill ochr a'r llall,
Y rheini yn glwyfau a oedd
Rhwng chwech a deng wythnos oed;
Yr oedd, hefyd, yn y trwyn
Faluriad egr o esgyrn.

Y rheini
   a oedd yn gyfrifol
   am ei chyflwr difrifol oedd
        ei rhieni.

PARROT CARRIE WATSON

('The first known example of an ornithological pimp in history.')

Hwn, edn hanesyddol ydoedd,
Edn Chicagoaidd oedd,
Aderyn y Newyddfyd ydoedd.

Mil Wyth Naw Tri,
Y pryd hwn y bu
Y Byd mewn Ffair odiaethol
A gynhaliwyd yn Unol
Daleithiau yr Amerig.
Mawr, Mwy, a Mwyaf
Ardderchog; Ardderchocaf;
Gogoneddus, -usach, -usaf
Oedd Ffair Fyd fawr Chicago
Y flwyddyn ddillyn honno.

Y Byd a arddangosai
Wiwdod ei ryfeddodau
Mewn neuaddau fyrdd anferthol,
A'r Parrot hwn a glwydai
Wrth borth ei neuadd yntau.
"Carrie Watson, Carrie Watson,
Come on, come on," ebychai;
Ac yna ychwanegai,
"Come in, come in gentlemen."

Pa rin tu draw i'r dorau
Oedd yno, pa gêl atyniadau
A barai fod Parrot Carrie Watson
Mor groch yn cyfarch dynion?

Roedd yno'n wir ryfeddod,
Sef neuaddaid o enethod –
Du yn unig –
A gynigiai i'r bonheddig –

Gwyn yn unig –
Bob math o swynion cnawdol mwynion
Dan arolygaeth Carrie Watson.

Hyd y gwyddys, felly, hwn –
Yn Ffair Fyd fawr Chicago –
Oedd yr ornitholegol bimp
Cyntaf y gŵyr hanes dynoliaeth amdano.

BEDDAU

Bodedern, y beddau
A fu yma hen, hen oesau,
Dro'n ôl a ddatguddiwyd.
Gwelaf ynddynt olion dynion
Fel cysgodion yn y pridd.
Tynnwyd, yn dyner dyner, gerrig
A daear â thrywelau a llwyau
Oddi ar ffurfiau, amlinellau mud.

Hwn, yma wrth fy nhraed,
Hwn yn ei fudandod hen:
Dyweder bod yma
Ddeugain mlynedd o einioes.
Y mae yma enedigaeth,
Y mae yma, mae'n debyg,
Ysfa'r creadur i gyplu,
Y mae disgleirdeb llawenydd yma,
Duwch tristwch yma,
Ac y mae yma, yn sicr, farwolaeth.

Hyn oll, hyn oll; profiadau
A fu'n rhuadwy o angerdd;
Llinellau ydynt yma, mud, mud,
Heb ddywedyd ar y ddaear.

A minnau
Yn rhuad cry a hy
F'amserau
Arnynt yn syllu, syllu.

DIM LLAWER O JÔC

(Mae symbyliad y darn yma yn nisgrifiad Simone de Beauvoir o ddiwedd Jean-Paul Sartre yn 'La Céremonie des Adieux' [1981].)

Y mae gogwydd einioes at ofnadwyaeth.
Croen yw dyn, esgyrn ydyw, celloedd darfodedig;
Cnawd ydyw ar ryfyg amser.

Y mae ei oriau'n graddol ddadwefreiddio dyn,
Y maent yn tynnu, fesul tipyn,
Oddi amdano ei lawenydd, ei hoen;
Y maent yn naddu i'w fodolaeth
A thueddu i'w throi hi yn boen.
Y mae asbri rhywun yn rhyw golli
A hyd yn oed werthfawrogiad rhywun o gyfforddusrwydd
Yn pallu, fesur bach, o'r ymennydd.
Cyn diwedd oes go faith odid na fydd
Personoliaeth dyn yn diffodd ohono fo'n raddol.
Aiff popeth dymunol
Yn rhan o ryw orffennol annelwig.
Ac os nad ydi o'n lwcus
Fe'i caiff dyn ei hun, o'i ôl yn llusgo,
Erchyllbeth ffiaidd o bot piso.
Mae bywyd, nid yn anaml, yn diweddu
Mewn arogleuon a budreddi
Fel y bydd y cnawd yn dadfeilio
Ar gyfer yr ymbriddo.

Dyna pam y mae ar rywun
Angen dogn go dda o ryw hiwmor afrad
I stumogi ei ddatodiad,
A gallu i chwerthin rhag ei ddiwedd
I geisio diheintio ei lusgo i'r bedd.
Hefyd y mae gofyn iddo –
'Waeth pa mor faith y diffeithio arno –
Geisio cadw yn wastad yn y co'
Mai am ryw hyd y mae'r cyfan, dros dro, dros dro.

259

DOWCH I BELFFAST

Dowch i Belffast.
Taith i chi,
Taith i'r teulu.
Bargen, bargen.

Dowch i Belffast.
Dowch yma i rai o'n strydoedd
I weld adfeilion ein casineb crefyddol;
Bydd digon o gyfle i chwi eu harchwilio
Wrth eich pwysau'n braf, hamddenol.

Dowch i Belffast.
Dowch yma i weld moduron racs
A'u meteloedd yn glymau;
Dowch i weld llafrïau ffrwydredig
Ein sêl gysegredig.

Dowch i Belffast.
Dowch i ymweld â'n carcharau,
Dowch i weld y tu ôl i farrau
Olion ein dialedd duwiol.

Dowch i Belffast.
Dowch yma i ymweld â'n hysbytai,
I edmygu medr ein meddygon
I bwytho ein hynfydrwydd gwladgaraidd
Ac i asio esgyrn
Ein cynhennau sanctaidd.

Dowch i Belffast.
Dowch yma ac fe welwch, yn ddiau,
Angladd du neu ddau,
Canlyniadau llid Catholig
Neu gyflafan Brotestannaidd.

Dowch i Belffast.
Dowch draw, dowch draw;
Wyddoch chi ddim – a dyma ichi wa'dd –
Efallai y gwelwch chi
Rywun ohonom ni'n cael ei ladd.

Dowch i Belffast.
Belffast, Belffast
Am wyliau ananghofiadwy
I chi ac i'ch teulu.
Ple bynnag y b'och
Dowch, da chi,
Yma, yma atom ni
I'r Ynys Goch.

PA FODD

Pa fodd, heb fwgwd dros deimladau –
Eirioni neu gymryd arnom –
Y mae llefaru geiriau a dywedyd
Am y tywyllwch sydd ynom,
Am y nos sy'n crafangu o'n mewn,
Am y diffodd dreng sydd droeon
Yn gwaedu ei ffordd ohonom?

Ond y mae cofnodion,
Ac y mae olion
A osodwyd, fel haearn, yng nghof dynion
Yn dystiolaeth amdanom.

Megis y cofnodion hyn
O Birkenau a gwersyllau tueddau Lublin
Yn Un Naw Pedwar Tri. Casglwyd yno
Yr eitemau Iddewig a ganlyn:

Dwy ar Bymtheg o Phedwar Ugain o Filoedd
O hen siwtiau;
Un ar Bymtheg a Thrigain o Filoedd
O hen ffrogiau;
Cant a Deuddeg ar Hugain o Filoedd
O grysau;
Cant a Phymtheg a Deugain o Filoedd
O gotiau gwragedd;
Tair Mil a Gilogramau o wallt.

Eitemau plant:
Pymtheng Mil o gotiau mawr,
Un Fil ar Ddeg o siacedi,
Naw Mil o ffrogiau,
A Dwy Fil ar Hugain o barau o esgidiau.

Ffigurau, pethau.

Y mae eneidiau'r colledig
Yn yngan yn eglur wrthym trwy rifau,

Y maent yn llefaru'n groyw wrthym
Trwy grysau, trwy ffrogiau,
Ac y mae cof annileadwy ein methiant
Yn sgrechian arnom o esgidiau plant.

DIWRNOD BORING ARALL

Y mae hi yn ei thŷ yn wynebu
Diwrnod boring arall.
Mae ei bywyd wedi ei gloi mewn cylchdro
Didrugaredd o olchi llestri, smwddio,
Tynnu llwch, tacluso, hwfro,
Gwasanaethu i anghenion ei phlant,
Cyfryngu i anghenion ei gŵr
O'i gwawr i'w gwely.

Pa fodd y diflasodd ei hynt?
Pa fodd y dirywiodd ei nosau haf –
Mor fyr, mor fyw eu cof –
Yn fodolaeth uwchben stôf?
Pa fodd y troes sirioldeb gloyw y sêr
Yn wincio eu llawenydd pêr
Yn nwfn ysol y nos
Yn aros am y bỳs ysgol?

A'r ysefydd hynny, ar nosweithiau
Pan ddiferai'r neithdar, oni throes
Hynny i gyd yn angerdd negyddol sy'n cael ei gorddi
Gyda'r dillad yn y peiriant golchi?
Ac onid ydyw hi
Yn teimlo ei bywyd yn tywallt ohoni
I ryw gwter fel dŵr budur y dillad a'r llestri?

Ac yn y drych, yn ei hwyneb fe wêl
Y cysgodion dirgel yn arwyddo
Fod ei heinioes yn mynd heibio.

EISTEDDFOD SIR YR URDD (DAN 12)

Telynau'n ceir-dantio mynd;
Bysiau'n adrodd eu ffordd;
Mamau difrecwast mewn dawns greadigol;
Bajis, a moduron ynglŷn wrthynt,
Yn beirniadu'n brysur ymlaen.

I ble yr ewch chwi, epil cystadleuaeth?

Yn wir, yn wir
I'r Steddfod Sir.

MAES PARCIO'N LLAWN.
I ble yr awn?
MYNEDIAD Y FFORDD YMA.
Pawb ffor'na?
CYSTADLEUWYR YN UNIG.
Ffor'ma ta? SELSIG.
Sosejis onid e?
CREISION. DIOD LEMON. TE.

Neuadd barablus:
Cotiau; neiniau;
Brechdanau; bagiau;
Mamau; athrawon; crisbs;
A phlant, a phlant, a phlant.

Llwyfan â'i nerfau'n twangio
I gyfeiliant offeryn chwyth a phiano.
"I bawb, pob chwarae teg;
Cau, rhaid cau y drysau, cau pob ceg."

Mamau a neiniau'n yngan geiriau
Adroddiadau mud.
Yn canu'n swynol, ddistaw, fewnol;
Yn dawnsio gwerin ar eu heistedd.
A beirniaid yn beirniadu.

Crîm egs,
Fflasgiau, cacennau, crisbs.

"Cam, cam!
Ond mi wyddoch am hon'na – ei mam,
Mae hi'n perthyn o bell i dad-
Yng-nghyfraith y beirniad."

"Samantha, Samantha,
Wedi colli ei sgidia'."

"Ysgubau gwrachod y gân actol –
Cystadleuaeth Wyth –
Yn un llwyth ar ôl ar y bŷs
Cloedig. A'r lwmpyn dreifar twp 'na'n 'te
Wedi gwadnu draw i'r dre'."

Hysbysiad o'r llwyfan:
"Y colledig Wil,
Pa le, pa le yr wyt ti?"

Cân a datganiad,
Adrodd, dawnsio, beirniadu.
Crisbs, Sôs Coch a Brechdan.
Beirniadu, dawnsio, adrodd,
Datganiad a chân, am hir, hir, hir.

Ac yna:
Dim plant, dim plant, dim plant,
Dim crisbs, dim athrawon, dim mamau,
Dim bagiau, dim brechdanau,
Dim neiniau, dim cotiau.
Distawrwydd. Neuadd wag, a'r mudandod
Hwnnw sy'n dyfod i ganlyn pob steddfod.

GEIRIAU

Y geiriau hyn sydd, fe ddichon,
Yn ymglymu, am ryw hyd, yn synau ystyrlon,
Yn cydio'n deimladau neu'n plethu'n feddyliau,
Darfod y maent. Y maent yn darfod.
Y maent, rwy'n gwybod,
Fel dail diystyr
Yn cwympo i'r difancoll mawr.

Ac yn y nos ddienaid
Ni fydd ond isoglosau'r gwynt.
Bydd bywyd yn datod
Yn ffonemau anghynhyrchiol;
Bydd semanteg rhyw fath o fyd yn chwalu
Yn ffonoleg colledigaeth;
Cyn i'r cyfan waelodi
Yn y tawelwch tywyll, terfynol.

Ie . . . *So what?*

Y CYFLWR DYNOL

Mae dau beth yn sicir
Ynghylch y cyflwr dynol:
'Dydi o ddim yn sâff,
Ac y mae o yn farwol.

Cerddoriaeth ar Gyfer
rhai o'r Cerddi

Marw Mewn Gwaith (Tud. 128)

(Y gerddoriaeth: Meredydd Evans)

Yn yr a —— wyr yn a - raf—— mae'r haul acw'n troi . Ac o'r

cae diffaith y - ma 'does unlle i ffoi,

Ddydd ar ben dydd gyda'i drym——der a'i faich 'Rwy'n

cra —— su mewn lludded A marw mewn gwaith.

Arglwydd, Paid â Dod   (Tud. 129)

(Y gerddoriaeth: Meredydd Evans)

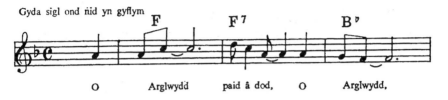

O   Arglwydd   paid â dod,   O   Arglwydd,

paid â   dod,   O   Arglwydd,   paid â   dod   Yn y

bo - re,   yn y   bo - re,   I   ol - chi   'meiau   i

Cadwynau yn y Meddwl (Tud. 133)

(Y gerddoriaeth: Meredydd Evans)

Cad - wyn - au · yn y meddwl du ·Is - law yr asgwrn gwyn Sy'n

cly - mu en - aid yn y bru A gwneud y byd fel hyn.

Mae Gen i Freuddwyd (Tud. 137)

(Y gerddoriaeth: Meredydd Evans)

Mae gen i freu - ddwyd   am   y   wlad   Lle bydd   pawb yn

bo————bol,   Lle na fydd gormes   na   na - câd   Na chas byth

mwy dra——gwydd——   ol.

Milwyr (Tud. 158)

(Y gerddoriaeth: William Lewis)

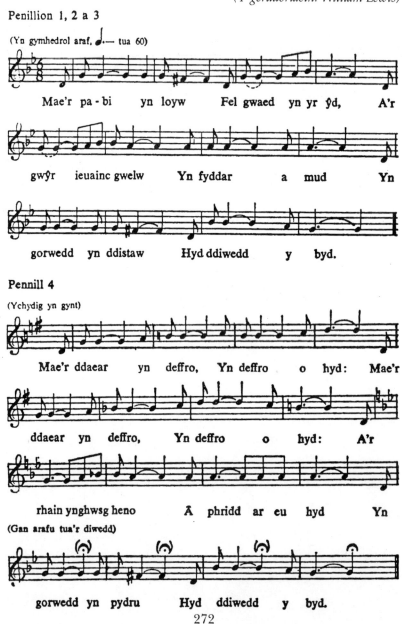